पर्यावरण प्रदुषण

एक अवलोकन

पर्यावरण प्रदुषण

एक अवलोकन

इंदु सिंह

Lenin Media

First published in India in 2020 by
Lenin Media Pvt. Ltd.

ISBN: 978-81-949928-3-7

Lenin Media Private Limited
204, 2nd Floor, Durga Complex,
CSC. Mayur Vihar-II, New Delhi 110092
Phone: 9818148113
E-mail: leninmediapublishers@gmail.com
Website: www.leninmedia.com

Printed and Bound in
Delhi

₹ 599/-

प्रस्तावना

पर्यावरण एक व्यापक शब्द है। यह उन सम्पूर्ण शक्तियों, परिस्थितियों एवं वस्तुओं का योग है जो मानव को परावृत करती है तथा उसके क्रिया-कलापों को अनुशासित करती हैं। पर्यावरण शिक्षा का सामान्य अर्थ उस शिक्षा से है, जो हमें अपने पर्यावरण के संरक्षण, सम्वर्द्धन तथा सुधार की समझ देती है। यह शिक्षा मनुष्य तथा प्रकृति के बीच सम्बन्धों की व्याख्या करती है। मनुष्य को प्रकृति से सीखने, प्रकृति के अनुसार अपने को ढ़ालने तथा प्रकृति को दूषित न करने की संचेतना पर्यावरण शिक्षा से प्राप्त होती है। पर्यावरण से सम्बन्धित हर प्रकार की मूल अवधारणाओं तथा समस्याओं की पहचान पर्यावरण शिक्षा कराती है तथा परिस्थितियों से सही समायोजन स्थापित करने की समझ से सम्बन्धित दृष्टिकोण ाों तथा कौशलों को विकास भी करती है। विस्तृत अर्थ में, समस्त प्रकार के पर्यावरण—भौतिक, सामाजिक तथा मानसिक आदि पर्यावरण शिक्षा के अन्तर्गत ही आते हैं।

इस तरह जो कुछ भी हमारे चारों ओर विद्यमान है तथा यह हमारे रहन-सहन, दशाओं तथा मानसिक क्षमताओं को प्रभावित करता है, पर्यावरण कहलाता है। पृथ्वी के जिस भाग में जीवधारी रहते हैं, उसे जीवमण्डल कहते हैं। जीवमण्डल की माप लगभग स्थिर है। यह क्षेत्र धरती से लगभग 16 किमी ऊँचाई तक फैला है और इसका क्षेत्रफल 45 करोड़ वर्ग किमी. है। जीवमण्डल में पृथ्वी (जमीन), वायु, जल, पेड़-पौधे और सभी जीव-जन्तु रहते हैं। जीवमण्डल धरती, वायु, ताप और जल से समृद्ध है और ये चारों ही जीव के अस्तित्व के लिए आवश्यक अंग हैं। बिना इनके कोई जीवधारी जीवित नहीं रह सकता। जनसामान्य के शब्दों में हमारी सम्पूर्ण पृथ्वी और उस पर उपस्थित प्रत्येक वस्तु हमारा पर्यावरण है। पर्यावरण में वे सभी परिस्थितियाँ भी आती हैं, जो हमारे जीवन पर प्रभाव डालती हैं। हमारा घर, मौहल्ला, गांव, शहर या नगर सभी हमारे पर्यावरण के अंग हैं क्योंकि वे सभी हमारे जीवन पर प्रभाव डालते हैं। 'पर्यावरण' मानव जीवन के प्रत्येक क्षेत्र में समाविष्ट है।

—लेखक

About the Book

आज पर्यावरण संतुलन की वर्तमान स्थिति पर सभी को मिलकर विचार करने की आवश्यकता है। सरकार के साथ-साथ उद्यमियों, उद्योगपतियों, निर्माणकर्ताओं, समाज एवं जन सामान्य को पर्यावरण संतुलन बनाये रखने व प्रदूषण नियंत्रण के लिए अधिक से अधिक वृक्ष लगाने का संकल्प लेना होगा। पर्यावरण का ज्ञान प्राप्त करने हेतु यह आवश्यक है कि व्यक्ति अपने पास-पड़ोस के वातावरण से सम्बन्धित मूल्यों आदि को समझने का प्रयास करे और उसके प्रति अपना दृष्टिकोण एवं कौशल विकसित करें। पर्यावरण शिक्षा द्वारा बालकों के अन्दर एक ऐसी चेतना विकसित की जाती है। जिससे वे पर्यावरण के अध्ययन को बोधगम्य कर सकें तथा भौतिक संसाधनों जैसे भूमि, जल, वायु, पौधे आदि तथा सामाजिक पर्यावरण, जैसे परिवार समुदाय धार्मिक कर सकें तथा पर्यावरण को प्रदूषित होने से बचा सके एवं पर्यावरण का संरक्षण एवं सुरक्षा के प्रति जागरूक बन सकें। प्रस्तुत पुस्तक में पर्यावरण के परंपरागत प्रदूषण से लेकर प्रदूषण के रोक एवं बचाव के स्वरूपों का विस्तारपूर्वक वर्णन किया गया है। सरकार द्वारा पर्यावरण सुरक्षा एवं शिक्षा का भी उल्लेख किया गया है।

पर्यावरण : अर्थ एवं परिभाषा; पर्यावरण नियंत्रण एवं औद्योगिक विकास; पर्यावरण प्रदूषण : एक झलक; मनुष्य, पर्यावरण तथा पर्यावरण शिक्षा; हम तथा हमारा पर्यावरण; पर्यावरण प्रदूषक तत्व; वायु प्रदूषण : कारक तथा तत्व; रसायनों से पर्यावरण पर पड़नेवाले प्रभाव; पर्यावरण सुरक्षाः एक महती आवश्यकता; पर्यावरण तथा जल-प्रदूषण

विषय सूची

1

पर्यावरण : अर्थ एवं परिभाषा

पर्यावरण एक व्यापक शब्द है। यह उन सम्पूर्ण शक्तियों, परिस्थितियों एवं वस्तुओं का योग है जो मानव को परावृत करती है तथा उसके क्रिया-कलापों को अनुशासित करती हैं।

पर्यावरण शब्द का निर्माण दो शब्दों से मिलकर हुआ है परि+आवरण। 'परि' का अर्थ है चारों तरफ से और 'आवरण' का अर्थ है ढके हुए। इस तरह पर्यावरण या वातावरण शब्द का अर्थ हुआ व्यक्ति के इर्द-गिर्द और चारों ओर जो कुछ भी है, वही उसका वातावरण या पर्यावरण कहा जाता है।

पर्यावरण के अर्थ को और ज्यादा विस्तृत रूप में समझने हेतु आवश्यक है कि विभिन्न विद्वानों द्वारा दी गई इन्हीं परिभाषाओं पर नजर डाली जाय। कुछ प्रमुख पर्यावरणविदों की परिभाषाओं पर निम्न प्रकार प्रकाश डाला गया है

बोरोन के अनुसार, "एक व्यक्ति के पर्यावरण में वह सब कुछ सम्मिलित किया जाता है, जो उसके जन्म से मृत्यु पर्यन्त तक प्रभावित करता है।"

डॉ. डेविस के मतानुसार, "मनुष्य के सम्बन्ध में भौगोलिक वातावरण से अभिप्राय भूमि या मानव के चारों ओर फैले उन सभी भौतिक स्वरूपों से

है, जिसमें वह रहता है, जिसका उसकी आदतों और क्रियाओं पर प्रभाव पड़ता है।"

सोरोकिन के विचारानुसार, "भौगोलिक पर्यावरण का तात्पर्य ऐसी दशाओं से है, जिसका अस्तित्व मनुष्य के कार्यों में स्वतन्त्र है, जो मानव रहित नहीं है और जो बिना मानव के अस्तित्व एवं कार्यों से प्रभावित हुए बिना स्वतः परिवर्तित होता है।"

आर.एम. मैकाइवर के शब्दों में, "भू-पृष्ठ तथा उसकी समस्त प्राकृतिक दशाएँ प्राकृतिक संसाधन, भूमि, जल, पर्वत, मैदान, खनिज, पादप, जन्तु आदि तथा प्राकृतिक शक्तियाँ जो पृथ्वी पर विद्यमान होकर मानव जीवन को प्रभावित करती हैं, पर्यावरण के अन्तर्गत आती हैं।"

एम. जे. हर्सकोविट्ज के मतानुसार, "पर्यावरण उन सभी बाह्य दशाओं और प्रभावों का योग है जो भू-पृष्ठ पर जैविक तत्वों के विकास-चक्र को प्रभावित करते हैं।"

एच. फिटिंग के मतानुसार, "जीवों के पारिस्थितिक कारकों का योग पर्यावरण है।"

गिंस्बर्ट के मतानुसार, "पर्यावरण में उन सभी तत्वों को शामिल किया जाता है, जो जैव स्वरूप या वस्तु को निकट में घेरे होते हैं एवं उन्हें प्रत्यक्ष रूप से प्रभावित करते हैं।"

वैज्ञानिक तथा तकनीकी शब्दावली आयोग-भारत सरकार के मतानुसार, "पर्यावरण चारों ओर की उन बाहरी दशाओं का सम्पूर्ण योग है, जिसके अंदर एक जीव अथवा समुदाय रहता है या कोई वस्तु उपस्थित रहती है।"

वुडवर्थ के मतानुसार, "पर्यावरण शब्द का अभिप्राय उन सभी बाहरी शक्तियों और तत्वों से है, जो व्यक्ति को आजीवन प्रभावित करते हैं।"

जे. एस. रॉस के शब्दों में, "पर्यावरण या वातावरण वह बाह्य शक्ति है, जो हमें प्रभावित करती है।"

एनेच एनास्टसी के मतानुसार, "पर्यावरण वह प्रत्येक वस्तु है, जो जीन्स के अतिरिक्त प्रत्येक व्यक्ति को प्रभावित करता है।"

डगलस एवं रोमन हॉलैण्ड के मतानुसार, "पर्यावरण उन सभी बाहरी शक्तियों एवं प्रभावों का वर्णन करता है, जो प्राणी जगत् के जीवन-स्वभाव, व्यवहार, विकास और परिपक्वता को प्रभावित करता है।"

विश्व कोष के अनुसार, "पर्यावरण के अन्तर्गत उन सभी दशाओं, संगठन एवं प्रभावों को सम्मिलित किया जा सकता है, जो किसी जीवन अथवा प्रजाति के उद्‌भव, विकास एवं मृत्यु को प्रभावित करते हैं।"

सी.सी. पार्क के अनुसार, "मनुष्य एक विशेष स्थान पर विशेष समय पर जिन सम्पूर्ण परिस्थितियों से घिरा हुआ है, उसे पर्यावरण कहा जाता है।"

इस तरह जो कुछ भी हमारे चारों ओर विद्यमान है तथा यह हमारे रहन-सहन, दशाओं तथा मानसिक क्षमताओं को प्रभावित करता है, पर्यावरण कहलाता है। पृथ्वी के जिस भाग में जीवधारी रहते हैं, उसे जीवमण्डल कहते हैं। जीवमण्डल की माप लगभग स्थिर है। यह क्षेत्र धरती से लगभग 16 किमी ऊँचाई तक फैला है और इसका क्षेत्रफल 45 करोड़ वर्ग किमी. है। जीवमण्डल में पृथ्वी (जमीन), वायु, जल, पेड़-पौधे और सभी जीव-जन्तु रहते हैं। जीवमण्डल धरती, वायु, ताप और जल से समृद्ध है और ये चारों ही जीव के अस्तित्व के लिए आवश्यक अंग हैं। बिना इनके कोई जीवधारी जीवित नहीं रह सकता। जनसामान्य के शब्दों में हमारी सम्पूर्ण पृथ्वी और उस पर उपस्थित प्रत्येक वस्तु हमारा पर्यावरण है। पर्यावरण में वे सभी परिस्थितियाँ भी आती हैं, जो हमारे जीवन पर प्रभाव डालती हैं। हमारा घर, मौहल्ला, गांव, शहर या नगर सभी हमारे पर्यावरण के अंग हैं क्योंकि वे सभी हमारे जीवन पर प्रभाव डालते हैं। 'पर्यावरण' मानव जीवन के प्रत्येक क्षेत्र में समाविष्ट है।

2

पर्यावरण नियंत्रण एवं औद्योगिक विकास

विकास की धुरी वनों के दोहन से ही आगे बढ़ती है। पर्यावरण असंतुलन की समस्या बढ़ती जनसंख्या, कृषि भूमि विस्तार, बांध निर्माण आदि से पैदा हुई है। औद्योगीकरण व भूमि के दुरुपयोग के कारण देश में प्रति मिनट एक हैक्टेयर जमीन बंजर हो रही है।

भारतीय विज्ञान कांग्रेस ने चेतावनी दी है कि अगर जंगल कटते रहे और औद्योगिक विकास के साथ प्रदूषण नियंत्रण कार्य नहीं किये तो इक्कीसवीं सदी में लोगों के लिए श्वास लेना भी दूभर हो जायेगा। यदि समय रहते इस दिशा में आवश्यक कदम नहीं उठाया गया तो मनुष्य को ऑक्सीजन अपने साथ लेकर चलना पड़ेगा।

आज के वैज्ञानिक युग में उद्योगों का भी विज्ञान के साथ-साथ तीव्रगति से विकास हो रहा है। उद्योगों में जब उत्पादन कार्य होगा तो उद्योगों की चिमनी में धुआँ, गैस, धूल के कण और अशुद्ध जल आदि निकलना स्वाभाविक है। हम उद्योगों में उत्पादन तो अधिक से अधिक बढ़ाने का प्रयास करते हैं लेकिन उससे उत्पन्न अवशिष्ट पदार्थों को अनदेखा कर रहे हैं। जिसकी परिणिति वायु, जल, ध्वनि, सभी प्रकार के प्रदूषणों में वृद्धि है। औद्योगिक विकास के कारण जहां वायु प्रदूषण बढ़ा है

वहीं नदियों का जल भी प्रदूषित हो गया है। रासायनिक खाद और कीटनाशकों के बढ़ते प्रयोग के कारण भूगर्भिक जल भी दूषित हो गया।

अन्तर्राष्ट्रीय संगठनों के अनुसार विश्व के करोड़ों लोग दूषित वायु में श्वास ले रहे हैं जिसमें अल्फाडाइज ऑक्साइड जहरीली गैस की मात्रा काफी ज्यादा है। इनकी उत्सर्जन दर प्रतिवर्ष 4 प्रतिशत से अधिक होती जा रही है। इन ऑक्साइडों के किसी खास क्षेत्र में अधिक मात्रा में जमा हो जाने के कारण तेजाबी वर्षा की संभावना बन जाती है।

वैज्ञानिकों ने अनुसंधान कर राजस्थान के कोटा नगर को भी चेतावनी दी है कि यदि यहां के उद्योगों में वायु प्रदूषणा रोकने की समुचित उपाय नहीं किये गये तो यह काल्पनिक लगने वाली चेतावनी शीघ्र सत्य हो जायेगी। सन् 2050 ई. तक मौसम वैज्ञानिकों एवं पर्यावरण शास्त्रियों के अनुसार पर्यावरण असंतुलन से पृथ्वी का तापमान बढ़ जाएगा। इस गर्माहट का सबसे अधिक असर यह होगा कि विश्व भर के हिमशिखर व ग्लेशियर पिघल कर समुद्र की ओर बह चलेंगे जिससे समुद्र का जल स्तर बढ़ जायेगा।

पर्यावरण शास्त्रियों ने इसका मुख्य कारण पर्यावरण असंतुलन होना माना है। जो उद्योगों से निकलने वाले धुएँ, गैस आदि से उत्पन्न कार्बन डाईऑक्साइड एवं अन्य गैसों आदि से उत्पन्न कार्बन डाईआक्साइड एवं अन्य गैसों के कारण वातावरण में जमा हो जाता है।

इन गैसों में पृथ्वी के चारों तरफ एक अप्रत्यक्ष घेरा बन जाता है जिससे तापमान बढ़ने लगता है। भोपाल गैस त्रासदी और रूस की चैरनोबिल परमाणु बिजलीघर से रिसे रेडियोधर्मी कणों से शिकार हुए लोगों के विनाश की गूंज पूरी दुनिया में सुनाई दे रही है। बीसवीं सदी के इन दो भयंकरतम हादसों ने औद्योगिक विकास पर प्रश्न चिह्न लगा दिया है। एक वैज्ञानिक सर्वेक्षण के अनुसार एक टन पेट्रोल जलाने के लिए लगभग 9 हजार 905 किलो मीटर वायु की जरूरत होती है, सड़क पर चलने वाले लाखों वाहन

नाइट्रोजन ऑक्साइड, एसिड, लाईहाड, मौजोन लैड एवं कैडमियम जैसे जहरीले पदार्थों को उगलते रहे हैं।

एक अध्ययन से पता चला है कि महानगर में एक ट्रैफिक के सिपाही को 4 घंटे तक यातायात नियंत्रण करने के पश्चात् उसके फेफड़ों में इतना विष भर जाता है जितना कि 105 सिगरेटों के पीने से। स्वचालित वाहनों से कितना प्रदूषण उत्पन्न होता है इसका सहज ही अनुमान लगाया जा सकता है। पेट्रोल से उत्पन्न वायु प्रदूषण का प्रभाव आगरा के ताजमहल पर देखा जा सकता है।

मथुरा के तेल शोधक कारखाने से सल्फाडाईऑक्साइड युक्त धुएं के कारण सुन्दर श्वेत धवल संगमरमरी ताजमहल पर पीले धब्बे उभरने लगे हैं। इसी प्रकार श्वास लेने में कठिनाई होने लगी है, कोयले के कणों के कारण, खुले में सोना बंद हुआ है, वहीं बिजली घर से निकलने वाले धुएँ एवं राख कण से आसपास के प्राचीन ऐतिहासिक धरोहर वाले भवन, प्रासाद एवं दुर्लभ प्रतिमाओं पर स्टोन कैंसर के लक्षण दिखलायी देने लगे हैं। औद्योगीकरण की वजह से वायु प्रदूषण की भांति जल प्रदूषण भी एक मुख्य समस्या के रूप में सामने आया है। जल प्रदूषण भी मुख्यतः औद्योगिक अवशिष्ट के मिलने से होता है। उद्योगों से निकला धुआँ, पानी, कीटनाशक, रासायनिक खादों के अवशेष, ताप बिजली घरों से निकला गर्म पानी आदि जल में मिश्रित प्रदूषित तत्व, मानव, वनस्पति एवं जीवित जन्तुओं पर प्रदूषित असर डालते हैं।

जल प्रदूषण का भयानक उदाहरण मरुभूमि पाली, बालोतरा, उदयपुर की बीछड़ी एवं अलवर के तिजारा क्षेत्र में सामने आये हैं। मरु भूमि के जोधपुर, पाली और बालोतरा शहरों के आसपास रंगाई-छपाई की लगभग 1500 इकाइयों का रसायन युक्त गन्दा पानी जमीन के ऊपर से बहते हुये नालों में जाता है। इससे बाण्डी नदी के प्रभाव क्षेत्र के किनारे बसे लगभग बीस गांव एवं दस लाख से अधिक आबादी एवं हजारों पशु प्रभावित हुए हैं।

पैंतालीस किलोमीटर तक नदी के दोनों तरफ 50 फीट तक कुओं का पानी रंगीन हो गया है एवं 150 फीट तक गहरा पानी प्रदूषित होकर पीने योग्य नहीं रहा। उदयपुर के सभी बीछड़ी गांव में स्थापित एच. एसिड रसायन उत्पादन उद्योग के कारण लगभग 20 किलोमीटर के दायरे में सभी जल स्रोत विषैले हो गये एवं कुओं का पानी लाल व बैंगनी हो गया। पानी से पशुओं की मृत्यु तथा मनुष्य में भयंकर बीमारियाँ फैलने के कारण इस उद्योग को बंद करने तक की चर्चा उच्चतम न्यायालय में हुई।

इसी प्रकार दिल्ली के समीप अलवर जिले के तिजारा ग्राम में स्थापित श्रीराम फाइबर्स उद्योग से निकली गैस और विषैले पानी से आस-पास के ग्रामवासी बेहद परेशान हैं। देश एवं प्रदेश की बड़ी नदियों के किनारे कागज, चीनी, सीमेंट, ताप बिजली परियोजना स्थापित हैं जिनका गंदा पानी उनमें बहता रहता है। विज्ञान का विकास एवं उसका दुरुपयोग ही प्रदूषण का प्रमुख कारण है। बिना औद्योगीकरण के बढ़ती जनसंख्या एवं बेरोजगारी की समस्या को हल नहीं किया जा सकता है।

फिर भी यह प्रश्न है कि इन सबके बावजूद क्या औद्योगिक विकास को रोका जा सकता है।

मशीनीकरण, औद्योगीकरण, जनसंख्या वृद्धि, भूमि की कमी, वैज्ञानिक आविष्कारों का परीक्षण एवं वनों का अंधाधुंध विनाश ही प्रदूषण के कारक हैं। प्राकृतिक साधनों के अत्यधिक उपयोग के फलस्वरूप ही पर्यावरण संतुलन गड़बड़ाने (बिगड़ने) से प्रदूषण बढ़ने लगा है क्योंकि जलवायु, भूमि एवं वृक्ष सीमित मात्रा में ही प्राप्त है।

मानवीय जीवन के लिए तीव्र दर से बढ़ रहा प्रदूषण एक गम्भीर चुनौती बनकर उभरा है। पर्यावरण संतुलन बनाये रखने के लिए भूमि के क्षेत्रफल के तीन प्रतिशत भाग में वृक्षाच्छादित वनों का होना आवश्यक है। इसी से पर्यावरणीय संकट को टाला जा सकता है। बढ़ते औद्योगीकरण तथा अकुशल वन प्रबन्धन की वजह से आज देश का कुछ क्षेत्र मात्र बारह

प्रतिशत ही बचा है। राजस्थान में जहां स्वाधीनता के समय लगभग 24 प्रतिशत भूमि पर वन थे, वहां अब मात्र नौ प्रतिशत वन क्षेत्र हैं और उपग्रह से प्राप्त चित्रों के विश्लेषण से यह स्पष्ट हो गया है कि वृक्षों से आच्छादित क्षेत्र तो दो प्रतिशत से भी कम रह गया है।

यह भयावह स्थिति है और भावी विनाश की सूचक है। वैज्ञानिकों के अनुसार जिन इलाकों में वन क्षेत्र 6 प्रतिशत से कम हो जाता है वे सभ्यताएँ नष्ट हो जाती हैं। अतः आवश्यकता इस बात की है कि इस समस्या के निराकरण के लिए दृढ़ संकल्प एवं योजनाबद्ध तरीके से प्रयत्न किया जाये जिसके लिए निम्नलिखित सुझाव हो सकते हैं

1. वन विभाग केवल वन क्षेत्रों में सघन वृक्षारोपण करे एवं पौधा उपलब्ध कराने का कार्य करे।
2. नये उद्योगों की स्थापना के साथ ही उद्योग के चारों ओर सघन वृक्ष लगाये जायें। निर्माण कार्य के साथ ही यह कार्य प्रारंभ हो जाये, इस प्रकार का आशय पत्र उद्योग की स्वीकृति के साथ हो।
3. आवासीय सुविधायें निर्माण कराने वाली एजेंसीज, आवासीय कालोनी के निर्माण के साथ ही वृक्षारोपण का कार्य भी करें।
4. वृक्षारोपण कार्य के लिए जनता को बौद्धिक रूप से तैयार किया जाय। एक भावनात्मक एवं रचनात्मक आंदोलन चलाया जाय कि प्रत्येक व्यक्ति एक वृक्ष लगायेगा तथा भोजन से पूर्व एक लोटा पानी वृक्ष में डालेगा।
5. सभी संबंधित निर्माण कार्य करने वाले विभाग, प्रतिष्ठान, निर्माण कार्य के साथ ही वृक्षारोपण कार्य भी करें।
6. उद्योग की स्थापना हेतु स्वीकृत पत्र में जल एवं वायु प्रदूषण नियंत्रण के लिए ट्रीटमेंट प्लांट लगाने की अनिवार्यता हो। सरकार राहत के तौर पर उद्यमियों को ट्रीटमेंट प्लांट पर होने वाला व्यय रियायती दर पर ऋण उपलब्ध करावे।

आज पर्यावरण संतुलन की वर्तमान स्थिति पर सभी को मिलकर विचार करने की आवश्यकता है। सरकार के साथ-साथ उद्यमियों, उद्योगपतियों, निर्माणकर्ताओं, समाज एवं जन सामान्य को पर्यावरण संतुलन बनाये रखने व प्रदूषण नियंत्रण के लिए अधिक से अधिक वृक्ष लगाने का संकल्प लेना होगा।

नियन्त्रण

जिन कारणों एवं प्रक्रियाओं से पर्यावरण की गुणवत्ता पर कुप्रभाव पड़ता है उन सब बातों को पर्यावरण प्रबन्धन के आंकलन में लिया जाता है। इन बातों के आंकलन के बाद ही पर्यावरण की गुणवत्ता बनाए रखने हेतु सुझाव दिए जाते हैं। विश्व, क्षेत्रीय तथा स्थानीय स्तर पर पर्यावरण में प्रदूषण और विघटन हुआ है, जिसके कारण मानव क्रियाओं द्वारा प्राकृतिक पर्यावरण का प्रदूषण बढ़ना है। वर्तमान परिप्रेक्ष्य में वैश्विक स्तर पर पर्यावरण एक गंभीर समस्या बन चुकी है। आस्ट्रेलिया के ऊपर ओजोन परत में काफी बड़ा छेद हो गया है। यह क्लोरो फ्लोरो कार्बन के बढ़ते प्रयोग के कारण हो रहा है। भारत भी पर्यावरण समस्या से अछूता नहीं बचा है।

भारत की राजधानी दिल्ली विश्व के चार सर्वाधिक प्रदूषित नगरों में शामिल है। अतः इस समस्या की रोकथाम के लिए दिल्ली में सी.एन.जी. ईंधन की गाड़ियों में प्रयोग अनिवार्य कर दिया गया है। इससे बचने के लिए कई योजनाएँ बनाई जा रही हैं। पर्यावरण की समस्याएँ मनुष्यों द्वारा ही उत्पन्न की गई हैं। कुछ राष्ट्रीय एवं अन्तर्राष्ट्रीय कार्यक्रमों को आयोजित किया गया है जिसका लक्ष्य मानव पर्यावरण की अन्तःक्रिया तथा पर्यावरण की समस्याओं का अध्ययन करना और इन समस्याओं के समाधान के लिए सुधारात्मक उपायों को देना है। कुछ महत्त्वूपर्ण कार्यक्रमों की सूची इस प्रकार है

(1) संयुक्त राष्ट्र संघ पर्यावरण कार्यक्रम (UNEP)

(2) मरुभूमि के लिए समन्वित प्रकल्प।

(3) समन्वित पर्वतीय विकास का अन्तर्राष्ट्रीय केन्द्र

(4) जल के शोध की वैज्ञानिक समिति।

(5) समुद्रीय शोध की वैज्ञानिक समिति।

(6) अन्तर्राष्ट्रीय जलीय कार्यक्रम।

(7) अन्तर्राष्ट्रीय जैविक कार्यक्रम हेतु विशिष्ट समिति।

(8) अन्तर्राष्ट्रीय जैविक कार्यक्रम (IBP)

(9) प्रकोप के प्रभाव को कम करने हेतु अन्तर्राष्ट्रीय समिति।

(10) पर्यावरण समस्याओं हेतु वैज्ञानिक समिति।

(11) मनुष्य तथा जीव मंडल कार्यक्रम (MBM)

ऊपरलिखित संस्थाओं एवं योजनाओं के अलावा भी ऐसी कई संस्थाएँ तथा योजनाएँ हैं जो मनुष्य एवं पर्यावरण के सम्बन्धों का अध्ययन कर रही हैं और मनुष्य की क्रियाओं से राष्ट्रीय एवं अन्तर्राष्ट्रीय स्तर पर पर्यावरण में जो प्रभाव पड़ रहा है उसे सुधार करने के लिए सुझाव देती हैं।

कुछ प्रमुख संस्थाएँ निम्न प्रकार से हैं

1. विश्व संरक्षण आव्यूह
2. पर्यावरण नियोजन तथा समन्वय की राष्ट्रीय समिति।
3. अन्तर्राष्ट्रीय वैज्ञानिक संघ की परिषद।
4. पर्यावरण तथा विकास का विश्व आयोग।
5. संयुक्त राष्ट्रों को शैक्षिक, वैज्ञानिक तथा सांस्कृतिक संस्थान (UNESCO)
6. राष्ट्रीय पर्यावरण नियोजन समिति।
7. राष्ट्रीय पर्यावरण नीति तथा एक्ट।

8. राष्ट्रीय जलीय भूमि विकास बोर्ड।
9. विश्व वन्य प्राणी कोष आदि प्रमुख संस्थान तथा अभिक्रम हैं।
10. भोजन एवं कृषि संस्थान (FAO)
11. विश्व स्तरीय पर्यावरण पर्यवेक्षण प्रणाली।
12. पर्यावरण समस्याओं को वैज्ञानिक समिति।
13. अन्तर्राष्ट्रीय वनस्पतिकीय कार्यक्रम।
14. अन्तर्राष्ट्रीय परमाणु ऊर्जा कार्यक्रम।
15. मानवीय व्यावहार की आंकलन प्रणाली या तन्त्र।
16. पर्यावरण संरक्षण अभिक्रम।
17. पर्यावरण संरक्षण परिषद।
18. पर्यावरण प्रभाव आंकलन अथवा मूल्यांकन।
19. पर्यावरण सूचना प्रणाली।
20. केन्द्रीय पर्यावरण प्रदूषण नियन्त्रण बोर्ड।
21. परमाणु ऊर्जा आयोग।
22. कनाडियन अन्तर्राष्ट्रीय विकास अभिक्रम।
23. केन्द्रीय मरुक्षेत्र शोध संस्थान।
24. पर्यावरण गुणवत्ता परिषद।
25. भारत का वनस्पति सर्वेक्षण।
26. विज्ञान तथा तकनीकी विभाग।

पर्यावरण विभाग

भारत सरकार ने पर्यावरण के दुष्प्रभाव को समय रहते ही पहचानकर 1980 में पर्यावरण विभाग की स्थापना की। इस विभाग का प्रमुख कार्य सरकारी देखरेख में पारिस्थितिकी एवं पर्यावरण जनित कार्यक्रमों के नियोजन

एवं कुशलतापूर्वक संचालन करवाना है। पर्यावरण मन्त्रालय ने सितम्बर 1985 में पर्यावरण विभाग, वन और वन्य जीव में एकीकरण किया है जिससे केन्द्रीय सरकार द्वारा पर्यावरण और वनों के कार्यक्रमों का नियोजन, समन्वय और प्रशासनिक ढाँचे को विकसित किया जा सके। पर्यावरण मन्त्रालय का प्रमुख्य कार्य प्राकृतिक जीवधारियों का सर्वेक्षण करना, पर्यावरण को प्रदूषण से बचाना और प्रदूषण को कंट्रोल करना है। अन्य कार्य हैं पर्यावरण विघटन को रोकना, वनों के कटाव को रोकना और वनों का विकास करना। इन सबके अलावा कार्यक्रमों के प्रभाव एवं उपलब्धियों का मूल्यांकन करना है। पर्यावरण कार्यों के संचालन हेतु व्यक्तियों को सही ढंग से प्रशिक्षित भी किया जाता है। इसका सम्बन्ध पर्यावरण के मुख्य दो कार्यों से है एक तो पर्यावरण सम्बन्धी सूचनाओं एवं अन्य जानकारियों को जनसाधारण तक पहुँचाना और दूसरा कार्य जन चेतना का विकास करना भी है। पर्यावरण मन्त्रालय के मुख्य कार्य निम्न हैं

1. राष्ट्रीय भूमि उपयोग और अपशिष्ट भूमि विकास परिषद की स्थापना करना।
2. पर्यावरण और परिस्थितिकी का अध्ययन करना।
3. भारत के जीव विज्ञान द्वारा सर्वेक्षण करना।
4. भारतीय वन सेवाओं का संचालन करना।
5. वन नीति और वन अधिनियम कार्यक्रम को लागू करना।
6. देश की वनस्पति और वनस्पति बगीचों का सर्वेक्षण करना।
7. पद्मजा नाइडू हिमालियन जूलोजीकल उद्यान का संचालन एवं व्यवस्था करना।
8. केन्द्रीय गंगा प्राधिकरण का संचालन करना।
9. उच्च शिक्षा के लिए मौलिक शोध कार्य और वानिकी क्रियाओं में समन्वय स्थापित करना।

10. वन्य जीवों को संरक्षण करना।

11. पर्यावरण संरक्षण एक्ट (1986) को लागू करना।

12. जल प्रदूषण एक्ट (1974,1977) को लागू करना।

13. वायु प्रदूषण एक्ट (1981) को लागू करना।

15. जीव मंडल आरक्षण कार्यक्रम को लागू करना।

14. राष्ट्रीय अजायबघर द्वारा प्राकृतिक इतिहास का वर्णन करना।

उपरोक्त कार्यों के व्यवस्थित रूप से संचालन हेतु पर्यावरण मंत्रालय ने देश को खण्डों (भागों) में विभक्त किया है। जिसके अन्तर्गत अभिक्रमों (Programmes) के कार्यों का उत्तरदायित्व सौंपा गया है जैसे

(1) गंगा योजना निदेशालय।

(2) राष्ट्रीय अपशिष्ट भूमि विकास बोर्ड।

उपरोक्त की तरह पर्यावरण विभाग ने देश को 18 भागों में विभाजित किया है।

1985 में भारत की सदानीरा गंगा नदी को प्रदूषण मुक्त करने के उद्देश्य से तत्कालीन प्रधानमंत्री राजीव गांधी के कार्यकाल में केन्द्रीय गंगा प्राधिकरण की स्थापना की गई। यह गंगा नदी के कार्यक्रमों हेतु नियोजन और कार्यों को करने में निर्देशन देता है। गंगा योजना (प्रकल्प) निदेशालय का कार्य समन्वय करना है कारण कि गंगा नदी उत्तराखंड, उत्तर प्रदेश, बिहार और पश्चिम बंगाल से जुड़ी हुई है। इसलिए इन प्रान्तों के गंगा कार्यक्रमों में समन्वय स्थापित करना केन्द्र सरकार का उत्तरदायित्व बनता है।

राष्ट्रीय भूमि अपशिष्ट विकास बोर्ड 1985 में इस बोर्ड की स्थापना निम्न उद्देश्यों की पूर्ति हेतु की गई थी

(1) एक राष्ट्रीय नीति का निर्माण करना जिसके अन्तर्गत देश की

अपशिष्ट भूमि का विकास किया जाए और विकास हेतु योजनाओं और कार्यक्रमों का प्रबन्धन भी किया जाए।

(2) हरे पौधों को अपशिष्ट भूमि पर लगाना जिससे उनकी वृद्धि हो।

(3) श्रेष्ठ भूमि का संरक्षण करना जिससे भूमि अपशिष्ट न हो सके।

पर्यावरण विभाग के 18 उप-विभागों में से तीन उप-विभागों के कार्य हैं इनके प्रभाव की जाँच एवं मूल्यांकन करना। इसलिए इनको 'प्रभाव आकलन खंड' (उपविभाग) भी कहा जा सकता है।

अन्य राष्ट्रीय संस्थान ऊपर वर्णित प्रयासों के अलावा अनेक स्वयंसेवी गैर सरकारी और सरकारी संस्थाएँ पर्यावरण समस्याओं के समाधान हेतु कार्यरत हैं। स्वयंसेवी संस्थाएँ इस क्षेत्र में अत्यन्त सराहनीय कार्य कर रही हैं। कुछ महत्त्वपूर्ण संस्थाएँ और उनके अभिक्रम निम्न प्रकार से हैं

(1) राष्ट्रीय पर्यावरण औद्योगिकी शोध संस्थान

(2) राष्ट्रीय प्राकृतिक स्रोत प्रबन्धन प्रणाली।

(3) टाटा ऊर्जा शोध संस्थान।

(4) प्रदेशीय प्रदूषण नियन्त्रण बोर्ड।

(5) केन्द्रीय वानिकी आयोग।

(6) ऊर्जा और परामर्श बोर्ड।

(7) बम्बई प्राकृतिक इतिहास सोसाइटी।

(8) राष्ट्रीय दुग्धशाला विकास बोर्ड।

इन सभी के अतिरिक्त अनेक शोध संस्थान की इस क्षेत्र में सक्रिय रूप से कार्यरत हैं।

पर्यावरण प्रभाव आंकलन

योजनाओं का महत्त्वपूर्ण पहलू पर्यावरण प्रभाव आंकलन है। कारण कि इस पहलू में नियोजन, योजना और कार्यक्रमों का आंकलन व मूल्यांकन

किया जाता है ताकि इस बात का पता चल सके कि पर्यावरण गुणवत्ता पर कहीं विपरीत प्रभाव तो नहीं पड़ रहा है। मनुष्य की क्रियाओं और प्राकृतिक स्रोतों के उपभोग का पर्यावरण की गुणवता पर होने वाले प्रभाव को पर्यावरण प्रभाव कहते हैं।

मानवीय क्रियाओं का पर्यावरण पर पड़ने वाले प्रभाव के मूल्यांकन को पर्यावरण प्रभाव आंकलन कहा जाता है। आगे आने वाले समय में पर्यावरण में किस तरह के परिवर्तन हो सकते हैं इसका अनुमान लगाया जा सकता है। किसी मानवीय परियोजना का पर्यावरण पर जो प्रभाव होगा, उसका भी अनुमान लगाया जाता है। टिहरी बाँध परियोजना के भावी पर्यावरण प्रभाव के भय के अनुमान से आन्दोलन किए जा रहे हैं। मध्य प्रदेश में नर्मदा योजना के भावी कुप्रभावों का पता लगाया जाए। किसी योजना को प्रारम्भ करने से पहले उसके पर्यावरण पर होने वाले प्रभावों का अनुमान लगा लेना चाहिए।

प्रक्रिया

पर्यावरण प्रभाव के आंकलन का प्रमुख्य उद्देश्य पर्यावरण के कुप्रभाव से होने वाली हानियों से बचाव तथा पर्यावरण की सुरक्षा है, जिससे मनुष्य का भी कल्याण हो सके तथा मानव का स्वस्थ विकास हो सके। इसका कार्य पारिस्थितिकी के सन्तुलन और पारिस्थितिकी तन्त्र की स्थिरता का परीक्षण किया जाए कि योजनाओं एवं प्रकल्पों को लागू करने से पारिस्थितिकी और पारिस्थितिकी की तन्त्र पर कैसा प्रभाव होगा उसके क्या परिणाम होंगे? पर्यावरण प्रभाव आंकलन में निम्नलिखित सोपानों का अनुसरण किया जाता है

1. दीर्घकालीन तथा लघु-कालीन दोनों प्रकार के प्रभावों का अनुमान लगाना।
2. वैकल्पिक प्रकल्प से तुलना करना तथा उत्तम प्रकल्प हेतु सुझाव देना।

3. योजनाओं की आवश्यकताओं एवं उद्देश्यों का प्रदर्शित करना।
4. मानवीय कुप्रभावों क्रियाओं को कम करने हेतु पृष्ठ पोषण तथा सुधारात्मक उपायों को देना है।
5. भविष्य की दृष्टि से वर्तमान को प्रक्षेपित करना।
6. योजनाओं या कायक्रमों के प्रभाव का वर्णन करना।
7. पर्यावरण की वर्तमान प्रकृति का वर्णन करना।

पर्यावरण प्रभाव के आंकलन में विभिन्न विधियों तथा प्रक्रियाओं का उपयोग किया जाता है। वैज्ञानिक शोध कार्यों ने भी पर्यावरण के सुधार हेतु सुझाव दिए हैं क्योंकि विभिन्न क्षेत्रों के लिए विभिन्न प्रकार के प्रकल्पों तथा कार्यक्रमों का उपयोग किया जाता है।

3

पर्यावरण प्रदूषण : एक झलक

हमारे देश में पर्यावरण प्रदूषण से किस प्रकार से पड़ रहे हैं। उसे निम्न प्रकार से देखा जा सकता हैः

हमारे देश की 53 प्रतिशत भूमि यानी आधी से ऊपर भूमि पर्यावरण प्रदूषण की चपेट में आ गई है। आज 70 प्रतिशत यानी तीन-चौथाई के लगभग पानी प्रदूषित हो चुका है।

सन् 1978 से आज तक कहीं बाढ़ का तो कहीं सूखे का प्रकोप आता रहा है। सन् 1978 में देश का दस प्रतिशत भाग बाढ़ की चपेट में आ गया था। बिहार, आसाम, उड़ीसा और पूर्वी उत्तर प्रदेश में भारी बाढ़ें आयी तथा तीन-चार राज्यों को छोड़ कर देश के सभी राज्यों में भंयकर सूखा पड़ा है। कई राज्यों में पिछले चार वर्षों से सूखा पड़ रहा है।

सरकार को करोड़ों रुपये राहत कार्यों में खर्च करने पड़ रहे हैं। जंगल कटने से उत्पन्न बाढ़ कि विनाशलीला जानने के लिए नीचे लिखी बातें पढ़िये

- हमारे देश के सत्तर प्रतिशत जंगल कट चुके हैं। यह बड़े दुर्भाग्य की बात हैं। अनुमान है कि हर साल 6000 टन इमारती लकड़ी जंगलों से काटी जाती है।

- 1978 में बाढ़ से दो हजार लोग डूब कर मर गए। चालीस हजार जानवर डूब मरे। सात करोड़ रुपये का नुकसान हुआ। सन् 1953 से 1978 के बीच 2000 करोड़ रुपये के राहत कार्य चलाने पड़े।
- जंगल कटने से एक ओर तो बाढ़ से बहने वाला पानी रुक नही पाता हैं। तेजी से बहकर घरों, जानवरों और लोगों को बहा ले जाता है। दूसरी ओर सूखे का कारण भी बन जाता है। जंगल कटने से बादल आगे बढ़ जाते हैं। वर्षा नहीं होती है।
- एक अन्य अत्यंत गंभीर बात है। हमारी सरकार बड़े-बड़े बिजलीघर, बांध और बड़े-बड़े कारखाने लगा रही है। ये सब जिन स्थानों पर लगाए जाते हैं, वहां जंगल थे। ये जंगल काट दिये गये। इस तरह जंगलों का सफाया हो रहा है और सूखा पड़ता है।
- हिमालय क्षेत्र में स्थित देहरादून और मंसूरी कभी अपने सौंदर्य के लिए मशहूर थे। लेकिन अब बुरी तरह उजड़ते जा रहे है। बीस गांवों के लोग बेघर और बेरोजगार हो गए हैं।
- सूखा पड़ने से नदियों और बांधों को पानी नही मिलता है। दोनों सूख जाते हैं। फलतः कारखाने और बिजलीघर भी बन्द करने पड़ते हैं। जैसे राजस्थान में कोटा का परमाणु बिजलीघर और उदयपुर का जिंक स्मेल्टर सूखा पड़ने से बार-बार बन्द करने पड़ते हैं।
- एक और विचित्र दुःखद बात यह है कि खेतों में उपज बढ़ाने के लिए बार-बार अंधाधुंध रासायनिक खाद का उपयोग किया जा रहा है। इससे मिट्टी की उत्पादक शक्ति नष्ट होती जा रही है। यही होता रहा तो कुछ वर्षों में ही सब खेत बेकार हो जायेंगे। वहां कुछ भी पैदा नहीं होगा।

इन बातों से आपको पता लग गया होगा कि पर्यावरण प्रदूषण कोई मामूली समस्या नहीं है।

प्रदूषण की ऐतिहासिक पृष्ठभूमि

भू-वैज्ञानिकों कें अनुसार पृथ्वी की आयु लगभग 4,000,000,000 वर्ष है। पृथ्वी उत्पत्ति के दीर्घकाल बाद जीवन के चिन्ह दृष्टिगोचर हुए। पहले अपृष्ठवंशी फिर पृष्ठवंशी जीवों का आविर्भाव हुआ। इसी श्रृंखला की अंतिम कड़ी मानव है। आदि-मानव की आवश्यकताएं सीमित थीं, वह पत्थरों की रगड़ से आग उत्पन्न करता, पशुओं से अपना भोजन प्राप्त करता, फिर तन ढकने के लिए पेड़ों की छाल का प्रयोग करने लगा। धीरे-धीरे उसका विकास हुआ।

पाषाण युग से ताम्र युग, लौह युग, परमाणु युग, और अब अंतरिक्ष युग में उसका प्रवेश हुआ। उसकी आवश्यकताएं बढ़ने लगीं, जिनकी पूर्ति के लिए नई-नई खोजें हुई, नए-नए अनुसंधान हुए। पहले कुटीर उद्योगों की तदनंतर बड़े उद्योगधंधों की स्थापना हुई। इनसे पर्यावरण पर दबाव बढ़ता गया, पर इसकी ओर ध्यान नहीं दिया गया। आरंभ में जो प्रदूषण हुआ, उसे प्रकृति ने आत्मसात कर लिया। लेकिन अब प्रदूषण प्रकृति की स्वशुद्धीकरण क्षमता के परे हो गया और जीवन पर उसका बुरा प्रभाव स्पष्ट दिखाई देने लगा। प्रगति क्रम में उल्लेखनीय है 19वीं शती के उत्तरार्ध में इंग्लैंड में हुई पहली औद्योगिक क्रांति। उस समय लगभग आधे संसार पर अंग्रजों का साम्राज्य था, अतः इस औद्योगिक विकास का प्रभाव तेजी से फैला।

अमेरिका और यूरोप में विकास-गति तीव्र हुई और आज विश्व के लगभग सभी देशों में उद्योगधंधों का प्रसार हो रहा है इस अवधि में मशीनीकरण पर जोर दिया गया, मशीनीकरण औद्योगिक प्रगति का पर्याय हो गया। मनुष्य की सुख-सुविधाएं बढ़ने लगीं और तद्नुरूप आवश्यकताएं भी। इससे औद्योगीकरण को और बढ़ावा मिला। जनसंख्या वृद्धि ने इसमें उत्प्रेरक कारण का काम किया। बढ़ती आबादी की मांग की पूर्ति के लिए प्राकृतिक संसाधनों के दोहन की गति और तीव्र हो गयी। विविध कार्यों

जैसे आवास, उद्योग आदि के लिए जंगल काटे गए, कृषि उत्पादन बढ़ाने के लिए रासायनिक उर्बरकों, कीटनाशकों का प्रयोग बढ़ा। फलस्वरूप हरित क्रांति तो आई, पर उसके दूरगामी प्रभावों को अनदेखा किया गया। आज मिट्टी ही प्रदूषित नही, उससे रिस-रिसकर कीटनाशी रसायनों के नीचे जाने से भूमिगत जल भी प्रभावित हुआ।

ऊर्जा प्राप्ति के लिए वनों की लकड़ी से कैसे काम चलता? पृथ्वी के गर्भ से जीवाश्म ईंधन-कोयला, पेट्रोलियम निकाले गए। परमाणु खनिजों से रेडियो सक्रिय धातुएं प्राप्त कर उनका विखंडन किया गया, जिससे उपलब्ध ऊर्जा का उपयोग हुआ और दुरूपयोग भी, जिसकी विनाशलीला परमाणुबम विस्फोट के परिणामस्वरूप हिरोशिमा व नागासाकी में देखने को मिली। ईंधनों के अत्यधिक उपयोग से निकली गैसों ने वायुमंडल को दूषित कर अम्लीय वर्षा को जन्म दिया, ओजोन की रक्षापर्त को भेदना आरम्भ कर दिया। कल-कारखानों से निकले अपशिष्टों तथा बढ़ती जनसंख्या के कूड़े-कचरे ने जल को प्रदूषित किया। बहुत से क्षेत्रों में इस प्रदूषण ने सर्वनाश के बीज बोने आरम्भ कर दिये हैं।

वायु-प्रदूषण

जैसा कि हम जानते भी हैं कि पृथ्वी चारों तरफ से गैसों से घिरी हुई है, यह हमारे ग्रह पृथ्वी की ही विशिष्टता है, अन्य ग्रहों पर वायुमंडल में बहुत-से धूल कण, मिट्टी, रेत, जल, वाष्प आदि भी विद्यमान रहते हैं। पृथ्वी तल पर सूखी वायु का औसत संगठन नीचे तालिका मे दिया गया है। वायुमंडल कितनी दूरी तक फैला है ठीक-ठाक ज्ञात नहीं है। वैज्ञानिकों के अनुसार यह फैलाव 500 से 3,000 कि. मी. तक हो सकता है। हम ज्यों-ज्यों ऊपर जाते हैं, वायु हल्की होती जाती है और उसका तापमान भी कम होता जाता है। ऊंचाई पर गैसों की आपेक्षिक मात्रा में परिवर्तन पाया गया है।

तालिका

गैस	प्रतिशत आयतन
नाइट्रोजन	78.09
ऑक्सीजन	20.95
आर्गन	0.93
कार्बन डाई ऑक्साइड	0.03
नीऑन	0.0018
हाइड्रोजन	0.001
हीलियम	0.000524
क्रिपटन	0.0001
जीनान	0.000008
ओजोन	0.000001

यदि वायुमंडल न होता तो सूर्य की गर्मी सीधे ही पृथ्वी पर पहुंचती तथा सब कुछ जलकर राख हो गया होता। इसकी अनुपस्थिति में न बादल होते, न वर्षा, न नदियां, न झीलें, न मानव, न पेड़-पौधे, बस होती एक जीव-विहीन पृथ्वी। अतः वायुमंडल प्रकृति की अनमोल देन है।

ध्वनि-प्रदूषण

कानों से हमें जो कुछ सुनाई देता है उसे ही ध्वनि या आवाज हम कहते हैं। यह किसी भी वस्तु के कंपन या दोलन से उत्पन्न होती है। जब कंपन की गति नियमित होती है, तो वह कानों को मधुर लगती है, उसे स्वर संज्ञा दी जाती है। इसके विपरीत अनियमित गति होने पर वह कानों को बुरी लगती है, ऐसी ही तीव्र ध्वनि को शोर या कोलाहल कहते हैं। प्रकाश के समान ध्वनि संचरण के लिए एक माध्यम की आवश्यकता होती है।

सामान्यतया वायु की माध्यम का कार्य करती है तथापि ठोस तथा द्रव पदार्थों द्वारा भी ध्वनि स्थानांतरित होती है।

जल-प्रदूषण

जल हमारे जीवन की मूलभूत आवश्यकताओं में से एक प्रमुख आवश्यकता है। इसलिए कहा गया है जल ही जीवन हैं। सृष्टि के आरम्भ से ही जल है। सुश्रुत ने ईसा से दो शताब्दी पूर्व ही जलीय चक्र का वर्णन किया है। अर्थात् सूर्य की किरणों द्वारा सागर जल वाष्पित होता है, इसी वाष्पित जल से मेघों की रचना होती है तथा वर्षा के रूप में वही जल पुनः पृथ्वी पर आता है।

पृथ्वी पर जल काफी व्यापक मात्रा व्याप्र में है। धरातल का तीन चौथाई भाग जल से घिरा है। इसी प्रकार हमारे शरीर में 50-60 भाग जल है। साथ ही वनस्पतियों का सारा जीवन जल के माध्यम से ही संचालित होता है।

इसी प्रकार अन्य प्राणी जगत जल के सहारे ही जीवित है। धरती पर ताजे जल की मात्रा 2.7 प्रतिशत ही है शेष जल खारा है। उपयोग में आने वाले जल की मात्रा सिर्फ 1 प्रतिशत ही है। सरिताओं में बहता जल सम्पूर्ण का केवल 0.0001 प्रतिशत तथा सतह के नीचे बहने वाला भूमिगत जल 0. 62 प्रतिशत है। अनुमान है कि विश्व के सरिता, सरोवरों में 1 लाख 20 हजार घन किलोमीटर मीठा पानी है। इससे भी अधिक मात्रा धरती की सतह के नीचे उपलब्ध है, इस भूमिगत जल की मात्रा 80 लाख घन किलोमीटर है। हमारे देश के जल स्रोतों का पूरा लेखा-जोखा उपलब्ध नहीं है। वर्ष भर में वर्षा से लगभग 40 करोड़ हेक्टेयर मीटर जल प्राप्त होता है। इसका 54 प्रतिशत भाग मिट्टी में रिस जाता है, 28 प्रतिशत सतह पर बह जाता है तथा शेष वाष्पित हो जाता है। इसके अलावा 300 मीटर की गहराई तक भूमिगत जल की मात्रा लगभग 370 करोड़ हेक्टेयर मीटर है।

हम सतही जल का 10 प्रतिशत तथा भूमिगत जल का लगभग 24 प्रतिशत ही उपयोग मे लाते हैं। स्पष्ट है कि हम अपने हल का समुचित उपयोग नहीं कर पाए हैं तथा पेयजल आज भी हमारी समस्या बना है, विशेषकर ग्रामीण क्षेत्रों में। विश्व के अविकसित तथा विकासशील देश पेयजल की समस्या से ग्रस्त हैं। इस समस्या से ग्रस्त हैं।

इस समस्या की गंभीरता को देखते हुए संयुक्त राष्ट्र संघ ने 1981-90 को अंतर्राष्ट्रीय जल आपूर्ति एवं स्वच्छता दशक घोषित किया। हमारा देश भी इस दिशा में विशेष प्रयासरत है। अभी भी हमारे देश मे सहस्रों समस्या-ग्रस्त हैं जहां पेयजल उपलब्ध नहीं है। जल के ठोस उपयोग और उपलब्धता की बात तो छोड़िए, जो जल हम उपयोग में ला रहे हैं वह अधिकांशतः प्रदूषित हैं। आज सरिता, सरोवर ही नहीं, सागर और भूमिगत जल भी प्रदूषण से प्रभावित हैं।

विभिन्न औद्योगिक केन्द्रों से प्रदूषण पर प्रभाव

यह प्रमुख है कि औद्योगिक केन्द्रों के नजदीक वायु-प्रदूषण के गंभीर प्रभाव देखने में आते हैं। इन क्षेत्रों में मकान की छतों, आस-पास के खेतों में, पेड़-पत्तियों पर धूल, कोयला तथा रसायनों की परतें दिखाई देती हैं। इनके कारण पीने का पानी भी प्रदूषित हो जाता हैं। यहां कुछ उद्योगों के फलस्वरूप होने वाले वायु-प्रदूषण की संक्षिप्त चर्चा की गयी है।

हमारा देश अभ्रक के उत्पादन में अग्रणीय है। इसका उत्पादन प्रमुखतः बिहार के सिंहभूमि, राजस्थान के भीलवाड़ा तथा आंध्र प्रदेश के नैल्लोर क्षेत्र में होता है। इस उद्योग मे कार्यरत श्रमिक, प्रेषण प्रक्रिया के फलस्वरूप निकले अभ्रकीय धूल कणों से बुरी तरह प्रभावित होते हैं, लगभग 60 प्रतिशत श्रमिकों के फेफड़े खराब हो जाते हैं।

इसी तरह धातु प्रेषण प्रक्रिया के प्रभाव से श्रमिकों को 'सिलिकासिस' रोग हो जाता है अर्थात् उनके फेफड़ों की कोशिकाओं में सिलिका जमा हो

जाता है। 'सिलिकासिस' से चीनी मिट्टी उद्योगों के श्रमिक भी पीड़ित होते हैं। मैंगनीज तथा अन्य धातु खदानों में काम करने वालों की कोशिकाएं दुष्प्रभावित होती है। फैरो-मैंगनीज संयंत्रों के विषाक्त उत्सर्जन से मनुष्य अपंग तक हो जाता है।

आज करल रेशेदार खनिज एस्बेस्टास का उपयोग काफी बढ़ता रहा है। यह ताप और विद्युत का अवरोधी होता है तथा इस पर अम्लों का प्रभाव भी नहीं पड़ता। इसके साथ ही यह सस्ता और टिकाऊ भी होता है, अतः भवन निर्माण, चादरें, पाइप, टाइल्स आदि सामग्रियों के निर्माण में धड़ल्ले से इसका प्रयोग हो रहा हैं। सिनेमा का पर्दा भी इसी का बना होता है। यह खनिज अत्यंत हानिकारक हैं। इसके छोटे-छोटे महीन रेशों का क्षरण होता रहता है जो इन उद्योगों में कार्यरत श्रमिकों के श्वास के साथ भीतर चले जाते हैं तथा फेफड़ों और आंत के कैंसर का कारण बनते हैं। इसे ही 'एस्बेस्टासिस' रोग कहते हैं। अमरीका में करीब प्रतिवर्ष 10,000 व्यक्ति एस्बेस्टासिस के कारण मर जाते हैं। वहां इसके इस्तेमाल में 75 प्रतिशत से अधिक कमी की गई है। एस्बेस्टासिस का हमारे देश में भी प्रयोग दिनोंदिन बढ़ रहा है, स्वास्थ्य संकट को ध्यान में रखते हुए इस पर अंकुश लगाना आवश्यक है।

प्रदूषित वायु के प्रभाव से लोहे मे शीघ्र जंग लग जाती है, औद्योगिक क्षेत्रों में यह गति दो से चार गुना अधिक होती है। इंग्लैंड में रेल की एक तिहाई पटरियों के बदलने का प्रमुख कारण उनका सल्फर ऑक्साइड द्वारा छीजना बतलाया गया है।

4

मनुष्य, पर्यावरण तथा पर्यावरण शिक्षा

पर्यावरण शिक्षा का सामान्य अर्थ उस शिक्षा से है, जो हमें अपने पर्यावरण के संरक्षण, सम्वर्द्धन तथा सुधार की समझ देती है। यह शिक्षा मनुष्य तथा प्रकृति के बीच सम्बन्धों की व्याख्या करती है। मनुष्य को प्रकृति से सीखने, प्रकृति के अनुसार अपने को ढ़ालने तथा प्रकृति को दूषित न करने की संचेतना पर्यावरण शिक्षा से प्राप्त होती है। पर्यावरण से सम्बन्धित हर प्रकार की मूल अवधारणाओं तथा समस्याओं की पहचान पर्यावरण शिक्षा कराती है तथा परिस्थितियों से सही समायोजन स्थापित करने की समझ से सम्बन्धित दृष्टिकोणों तथा कौशलों को विकास भी करती है। विस्तृत अर्थ में, समस्त प्रकार के पर्यावरण भौतिक, सामाजिक तथा मानसिक आदि पर्यावरण शिक्षा के अन्तर्गत ही आते हैं।

साहित्य में पर्यावरण तथा शिक्षा के सन्दर्भ में निम्नलिखित तीन शब्दों का प्रयोग किया जाता हैं

- पर्यावरण शिक्षा
- पर्यावरण अध्ययन
- पर्यावरण उपागम।

यद्यपि शब्दों के अर्थभिन्नता में तीनों के अर्थ सूक्ष्म दृष्टि से भिन्न-भिन्न हैं, लेकिन ये तीनों शब्द अक्सर समानार्थी के रूप में प्रयोग किये जाते हैं तथा ये अन्योन्याश्रित हैं।

मनुष्य की उत्पत्ति एवं विकास

कार्बन तथा पौटेशियम आर्गन विधि से जो समय पता लगाया गया है उसके अनुसार बंदर जैसा आदमी एक से तीन करोड़ वर्ष पूर्व पृथ्वी पर निवास करता था। परन्तु वास्तविक मानव प्राणी पर लगभग 10 लाख वर्ष पूर्व विकसित हुआ। विकास की प्रक्रिया में विकसित हुआ यह जीव सबसे महत्वपूर्ण हैं। वस्तुतः मानव भी एक पशु ही है लेकिन इसकी कुछ विशेषताएं हैं। संरचना की दृष्टि से यह बिल्कुल सीधा खडा हो सकता है। इसकी रीढ़ की हड्डी दोहरी है, ठुड्डी तीखी है और चल सकने वाले पैर हैं। आदमी के मस्तिष्क का आयतन भी अधिकतम है और योजना बनाने की उसकी सामर्थ्य इसे दूसरे जानवरों से बिल्कुल अलग थलग कर देती है। इसके अलावा मानव के मन में परम्पराओं को स्थापित करने एवं उन्हें ग्रहण करने की अद्भुत शक्ति निहित है जिसे वह अपने ज्ञान के बल पर पीढ़ी दर पीढ़ी संचित करता आया है।

यद्यपि मानव का विकास भी उन्हीं परिस्थितियों में हुआ जिनके कारण दूसरे जीव विकसित हुए। परन्तु इसका आगे का विकास जन्मजात परम्पराओं से होता रहा है। यह सिर्फ जीन्स के द्वारा ही अगली पीढ़ी तक नहीं पहुंचता बल्कि शब्दों के माध्यम से भी चलता रहता हैं यह परिवर्तन केवल जैविक विकास से ही नही हुआ है बल्कि इसे मानव विकास से ही कहा जा सकता है जो महत्वपूर्ण है।

प्राकृतिक संसाधन तथा हम

प्राकृतिक संसाधन को दो भागों में बांटा जा सकता है। पुनः पोषित होने वाले तथा पुनः न होने वाले। पहले प्रकार के स्रोत हैं जो प्राकृतिक

क्रिया से अपने आप प्राप्त हैं जैसे भूमि, जल, पौधे और जानवर। दूसरे प्रकार के संसाधन वे हैं जो उपयोग से समाप्त हो जाते हैं जैसे कोयला, मिट्टी का तेल और विभिन्न प्रकार की धातुएं। पहले प्रकार की संसाधन एक-दूसरे से संबंधित है और उपयुक्त परिस्थितियों में उनमें वृद्धि हो जाती है। दोनों प्रकार के संसाधनों की प्राप्ति मानव बस्तियों के विकास पर सीधा प्रभाव डालती है और इनकी सीमाएं संसाधनों की प्राप्ति और प्रबन्ध पर निर्भर करती है।

बंजर भूमि और भूखे मनुष्य बतलाते हैं कि मानव ने प्राकृतिक संसाधनों की उपयुक्त देखभाल नहीं की। नील सभ्यता, मोहन-जोदड़ो, हड़प्पा सभ्यताओं का समाप्त हो जाना तथा वैदिक युग की सरस्वती नदी का लुप्त हो जाना आदि प्राकृतिक संसाधनों के दुरुपयोग के कारण ही कहे जा सकते हैं। पर्यावरण का संरक्षण तभी संभव हो सकता था जब मनुष्य जीवन और पर्यावरण की अन्तरनिर्भरता को पहचाने और एक ऐसी संस्कृति का विकास करे जो अपनी नीतियों और कार्यों से संबंध बनाये रखें। लक्ष्य यह होना चाहिए कि ऐसी व्यवस्था का निर्माण हो जिसमें मानव आवश्यकताओं और संसाधनों में सन्तुलन सदैव बना रहे और कुछ भी अनावश्यक रूप से नष्ट न होने पाये। आने वाली पीढ़ियों के जीवन की गुणवत्ता इसी पर निर्भर रहेगी कि जनसंख्या और संसाधनों में सही सन्तुलन बना रहे। हमारा उद्देश्य होना चाहिए कि हम ऐसे पर्यावरण का निर्माण करें जो हमारी जीवन की आवश्यकताओं की पूर्ति भी करे और एक रहने लायक स्वच्छ सुन्दर स्थान का निर्माण भी करे। इसलिए पर्यावरण का विवेकपूर्ण उपयोग इस पर निर्भर करता है कि मानवता के भविष्य की आवश्यकताओं को समझा जाये। इसके लिए हमें उन प्राकृतिक नियमों पर विचार करना होगा जो धरती पर मानव के अस्तित्व के नियंत्रण के लिए पुरातन काल से बने हैं।

समय-समय पर ऐसे प्राकृतिक संसाधनों का उपयोग बन्द कर दिया जाना चाहिए जो कम हैं और जिनका संरक्षण मानव जीवन के लिए

महत्वपूर्ण है। कल की जरूरतों और आज की आवश्यकताओं के मध्य एक समायोजन की योजना बनाई जानी चाहिए। वास्तव में पर्यावरण के प्रति अज्ञानता ही मनुष्य का बहुत बड़ा नुकसान कर रही है। बिना सोचे-समझे प्राकृतिक संसाधनों का शोषण ही अन्ततः मनुष्य को सचेत करने लगा है कि ये संसाधन शीघ्र ही समाप्तप्राय होने जा रहे है।

पुनः पोषित होने वाले प्राकृतिक संसाधनों और उनकी पूर्ति वाले संसाधनों में उचित सन्तुलन बनाये रखना चाहिए।

- मनुष्य को सदैव आवश्यकता और उनकी पूर्ति वाले संसाधनों में उचित सन्तुलन बनाये रखना चाहिए।
- आने वाली पीढ़ियों के लिए हम चुनाव की स्वतन्त्रता की स्थिति छोड़ें और किसी भी प्राणी वर्ग या व्यवस्था को पूर्णतः समाप्त न कर दें।
- पर्यावरण को असन्तुलित करने वाले नवीन कार्यों को तब तक उपयोग में न लाया जाना चाहिए जब तक कि इस कार्य के परिणामों का सही आंकलन न हो जाये और उससे होने वाले पर्यावरण असन्तुलन पर नियंत्रण करने के उपायों को प्रभावी ढंग से न लागू कर दिया जाये।

सदैव ही प्रकृति से मानव की छेड़छाड़ ने दुष्प्रभाव अंकित किये हैं। जब कोई किसान जंगल साफ करता है और खेत जोतता है तो उसका यह कार्य भले ही खाद्यान्नों की पूर्ति की दृष्टि से उत्तम हो परन्तु प्राकृतिक रूप से भयानक विपदा को ही आमंत्रण देने जैसा है। वह एक ऐसी व्यवस्था को समाप्त कर देता है जो जिससे बहुत लम्बे समय में भौतिक पर्यावरण और अन्तरनिर्भरता निर्मित होती है।

जनसंख्या की अत्यधिक वृद्धि से अब अनुभव किया जाने लगा है कि यह संसार सीमित है, इसके संसाधन भी सीमित हैं और इनका उपयोग इसी दर पर नहीं किया जा सकता जिस दर पर किया जा रहा है। यद्यपि कोई

प्राकृतिक संसाधन पुनः पोषित होने वाला हो सकता है परन्तु वह असीमित नहीं होता। हमेशा ऐसी सीमाएं बनी रहती हैं जिससे सन्तुलन की चिन्ता बनी रहे। मनुष्य ने कुछ क्षेत्रों में वायु और जल को इतना प्रदूषित कर दिया है कि वे अब पुनः अपनी प्राकृतिक अवस्था में नहीं पहुंच सकते। इन संसाधनों की उपयोग दर पुनःस्थापन की दर के लिए समस्या बन गई है।

प्राकृतिक संसाधनों का प्रबन्ध इस प्रकार किया जाये कि वे आने वाले पीढ़ियों की आवश्यकताओं की पूर्ति कर सकें। यूरोप तथा जापान में खेती के लिए लम्बे-चौड़े क्षेत्रों को साफ कर देने तक लकड़ी के उत्पादन की कमी हो गई है। यदि किसी खेतिहर जमीन से पेड़ नष्ट कर दिए जायें तो उस जमीन पर पुनः वन के रूप में विकसित करने के लिए लगभग 50 से 100 वर्षों का समय लगेगा। जंगलों के बहुत उपयोग हो सकते हैं इसलिए इसका प्रबन्ध बहुत क्लिष्ट है। भूमि के कटाव को रोकना, जंगली जीवों को सुरक्षित रखना, लकड़ी, कागज और अन्य जंगल से प्राप्त होने वाले उत्पादकों में सन्तुलन रखना आदि सभी आवश्यकताओं को एक साथ पूरा नहीं किया जा सकता।

यदि लकड़ी के लिए पेड़ काटे जाते हैं तो भूमि का संरक्षण नहीं होगा और कुछ वन्य जीव तो निवास-स्थान के अभाव में अपना अस्तित्व भी खो देंगे। कुछ अन्य जानवर अधिक भोजन की आपूर्ति से लाभान्वित होंगे लेकिन पेड़ों के ठूंठ प्राकृतिक दृश्य को विकृत कर देंगे। इन संसाधनों का उपयोग भी सन्तुलित निर्णयों द्वारा किया जाना चाहिए क्योंकि अधिकतम खेती करना भी संभव है और किसी संसाधन का सघन उपयोग भी संभव है।

असाय में किसी संसाधन का उपयोग मनुष्य की प्रौद्योगिकी और प्रबन्धकीय कुशलता पर निर्भर करता है। अधिकतम प्राकृतिक संसाधनों के उपयोग के लिए एक ऐसी दर स्थापित की जानी चाहिए जिससे ये संसाधन पुनः जीवित होते रहें। मानवीय दृष्टि को यदि विशालता प्रदान की जाए तो

प्राकृतिक संसाधन जहां समाप्त किये जा सकते हैं, वहीं सुरक्षित भी रखे जा सकते हैं तथा इन्हें बढ़ाया भी जा सकता है।

यह पृथ्वी एक पूर्ण व्यवस्था है और नष्ट होने के साथ ही साथ पुनः पोषित होने का चक्र सदैव यहां चलता रहता है। परन्तु यह देखना मानव को ही है कि सिर्फ संसाधनों को समाप्त ही करते जाना उचित होगा या उसकी तुलना में संसाधनों को पुनःपोषित करने के कार्य भी साथ ही साथ किये जाने श्रेयष्कर होंगे। भौतिक संसाधनों को नष्ट करने से कहीं पुनः पोषित होने वाले संसाधनों के उत्पादन में अव्यवस्था पैदा न हो जाये। अन्त में पुन-पोषित होने वाले संसाधनों के उत्पादन में अव्यवस्था पैदा न हो जाये। अन्त में पुनःपोषित न होने वाले संसाधनों के शोषण में कहीं पुनःपोषित होने वाले संसाधनों के द्वारा जल और वायु प्रदूषित न हो जाएं। इन कार्यों से पर्यावरण सन्तुलन बिगड़ सकता है और जीवों की जनसंख्या के घनत्व और वितरण में परिवर्तन ला सकता है। आज की स्थितियों को देखते हुए यह तथ्य सुनिश्चित है कि बहुत से क्षेत्रों में संसाधनों का प्रभावी उपयोग नहीं हो रहा हैं।

विकसित तथा विकासशील दोनों प्रकार के देश ऐसी स्थिति से गुजर रहे हैं जिसमें संसाधनों का विनाश हो रहा है और पर्यावरण प्रदूषित हो रहा है। यद्यपि इनके कारण भिन्न-भिन्न हो सकते हैं। आधुनिक मानव अपनी पूर्व की पीढ़ियों की तुलना में पर्यावरणीय समस्याओं के प्रति कहीं अधिक जानकार है। वर्तमान समय भी मानव के लिए पर्यावरणीय दृष्टि से सर्वत्र चिन्ता उत्पन्न कर रहा है। हर तरफ इसमें निरन्तर दिलचस्पी बनती जा रही है परन्तु केवल जागरूक और जानकार नागरिक ही अपने पर्यावरण का उचित प्रबन्ध कर सकता है। प्राकृतिक पर्यावरण में प्रदूषण के विभिन्न खतरों को मनुष्य ने ही पैदा किया है अतः इसका निवारण भी हमें ही समय रहते करने का प्रयास करना होगा। इस क्षेत्र मे निम्न उपाय उपयोगी सिद्ध हो सकते हैं

- 5 से 50 हजार एकड़ क्षेत्रफल की भूमि पर प्राकृतिक केन्द्रों की स्थापना की जानी चाहिए जिससे नगरों और बस्तियों के पास ही पर्यावरण की शिक्षा प्राकृतिक स्थितियों में ही जा सके।
- पर्यावरण को सन्तुलित करने के लिए प्रकृति के साथ मनुष्य का मित्रवत व्यवहार विकसित किया जाना चाहिए।
- पर्यावरण का ऐसा प्रबन्धन किया जाना चाहिए जिससे कि आने वाली पीढ़ियों भी इसका उपयोग कर सकें।
- नेचर क्लबों, नेचर कैंपों आदि की स्थापना एवं संगठन किया जाना चाहिए जो विभिन्न क्षेत्रों मे जाकर आम नागरिकों की भागीदारी प्राप्त कर सकें तथा आवश्यक जानकारियां उन्हें प्रदान की जो सकें। प्रकृति के संबंध में संजोये अनुभवों को बांटने में, पर्यावरणीय समस्याओं को समझने-सुलझाने में ऐसे प्रभावशाली, व्यक्तियों को सम्मिलित किया जाना चाहिए जो अपने क्षेत्र विषय विशेष मे दक्षता रखते हो तथा कर्मठ कार्यकर्त्ता के रूप में जुड़ सकते हों।

पर्यावरण और विकास

शायद यह एक बिडम्बना ही है कि विकास कार्यक्रमों को पर्यावरण का विरोधी समझा जा रहा है। इसका प्रमुख कारण है प्राकृतिक स्रोतों का, संसाधनों का अंधाधुंध दोहन तथा अकुशल प्रबंधन का। भोपाल की दुर्घटना हो, याचेर्नोबिल का नाभिकीय विस्फोट, ये सभी दुर्घटनाएं असावधानी और प्रबंध में लापरवाही के ही परिणाम हैं। अभी तक हमारी योजनाओं में तकनीकी और आर्थिक पहलुओं की ही विवेचना होती रही है, उनमें पारिस्थितिकी को कोई स्थान नहीं दिया जाता रहा।

यह निर्विवाद रूप से माना जाने लगा है कि पर्यावरण की स्वच्छता प्राणी मात्र अस्तित्व के लिए अपरिहार्य है। अतएव परमावश्यक है कि योजनाओं के प्रारूप तैयार करने के समय से लेकर उनके कार्यान्वयन तक

पर्यावरण-विदों का सहयोग लिया जाए तथा पारिस्थितिक तंत्र की उपेक्षा न की जाए। इसकी अवहेलना ने ही पर्यावरण समस्याओं को जन्म दिया है। यदि विकास के मार्ग में अवरोध खड़े किए गए तो इससे सर्वाधिक हानि होगी विकासशील देशों की, जहां की अधिकतर जनसंख्या निर्धन है। उनका जीवन स्तर ऊंचा न उठ पाएगा।

निर्धनता स्वयं में ही एक बड़ा प्रदूषण है जिसे दूर करना पर्यावरण के प्रदूषण को दूर करने जैसा ही आवश्यक है।

प्रदूषण बढ़ाने में विकसित देशों का प्रमुख हाथ रहा है। वहां विश्व की कुल आबादी के केवल 11 प्रतिशत लोग बसते हैं, पर यही औद्योगिक देश वायुमंडल के 90 प्रतिशत प्रदूषण के लिए जिम्मेदार हैं। उद्योगों के विकास पर रोक नहीं लगानी है वरन् उनके विकास का ढंग सुनियोजित करना है। उनके लिए कच्चा माल प्राप्त करने हेतु प्राकृतिक संसाधनों का वैज्ञानिक आधार पर दोहन किया जाए जिससे उस संपदा का ह्रास न हो। उदाहरणार्थ, हमारे देश के बहुत से भागों जैसे कर्नाटक, अरूणाचल प्रदेश आदि में कागज उद्योग के लिए अवैज्ञानिक तरीको से जंगलों की कटाई की गयी, सड़कों के किनारे लगे बांस काटे गए, भीतरी भाग अछूते रह गए। नए अंकुर, जिनसे पुनः बांस बनने थे, चर लिए गए या नष्ट हो गए। ये बांस क्षेत्रीय निवासियों की रोजी रोटी का साधन थे, वे उनसे अपनी झोंपड़ियों बनाते, टोकरियां तैयार करने और खेती के लिए आवश्यक उपकरण बनाते थे। इन जंगलों के नष्ट होने से उनकी रोजी-रोटी का साधन ही छिन गया, जबकि कागज उद्योग के लिए लकड़ियों के अलावा घास, बागान आदि भी उपयोग किया जा सकता था। उद्योगों की आवश्यक ऊर्जा पूर्ति के लिए ईंधनों के साथ गैर-परम्परागत ऊर्जा-संसाधनों का समीकरण किया जाए जिससे प्रदूषण न्यूनतम हो। विकास कार्यक्रमों के परिप्रेक्ष्य में यह तथ्य ध्यान में रखना आवश्यक है कि प्रत्येक देश की अपनी स्थिति, परिस्थिति एवं पर्यावरण होता है। उसी के अनुरूप विकास कार्यक्रम निर्धारित होने चाहिए। किसी दूर

देश की जलवायु और मिट्टी को क्या वहां के उद्योगधंधे हमारे परिवेश में सामंजस्य बिठा सकेंगे? हमारे विकास कार्यक्रम ऐसे होने चाहिए जिससे अधिक से अधिक लोगों को लाभ पहुंचे। एक उदाहरण है मिट्टी से बने मकानों का।

सीमेंट और कंक्रीट से बने मकान हमारे देश की बहुत जनसंख्या की क्रय शक्ति के परे हैं। अतः पंक से बने घरों का उन्नयन अधिक लाभकारी और सामयिक होगा। इन भवनों को इंजीनियरों एवं आर्किटेक्टरों की सहायता से सुंदर और सुविधाजनक बनाया होगा। इन मकानों के निर्माण में लागत भी कम आएगी और एक बड़ी जनसंख्या को आवासीय सुविधा भी उपलब्ध हो सकेगी।

त्रिवेन्द्रम में, 1987 नवम्बर में, पंक वस्तु शिल्पकला पर आयोजित अंतर्राष्ट्रीय संगोष्ठी से इस योजना को बल मिला है। यह ध्यान रहे कि पर्यावरण संरक्षण के नियम विकास के मार्ग में बाधक न हो। कुछ क्षेत्रों में केन्द्र सरकार के नये वन्य एवं पर्यावरण अधिनियम के कारण खनिजों की खोज में बाधा पड़ी है। उदाहरणार्थ मध्य प्रदेश के छत्तीसगढ़ क्षेत्र के डालोमाइट आदि खनिजों का खनन प्रभावित हुआ है।

राज्य खनिज निगम के अध्यक्ष के कथनानुसार वन भूमि को सुरक्षित रखना आवश्यक है पर शैल क्षेत्रों में इन नियमों को लागू करने का कोई औचित्य नहीं है। उत्तर प्रदेशों के विकास मंत्री ने भी कहा है कि पर्वतीय क्षेत्रों के विकास के लिए वन संरक्षण नियम में परिवर्तन करना आवश्यक है। पर्यावरण संरक्षण से संबद्ध विभिन्न समस्याओं की समीक्षा के बाद अंत में, एक महत्त्वपूर्ण तथ्य की ओर ध्यान आकर्षित करना आवश्यक है। हमारी पृथ्वी सौरमंडल का एक ग्रह है। सूर्य इसे प्रकाश और ऊष्मा प्रदान करता है। ब्रह्मांड में ऐसे अनेक सूर्य व अनगिनत ग्रह है पर केवल इसी ग्रह का पर्यावरण जीवन के अनुकूल है। हमारा कर्त्तव्य है कि हम अपने ग्रह की इस विशिष्टता को बनाए रखें। यह तभी संभव है जब हम पृथ्वी के

जीव-निर्जीव, जड़-चेतन सभी घटको के साथ सामंजस्य बनाए रखें और संपूर्ण पृथ्वी को एक कुटुम्ब समझ।

पर्यावरण शिक्षा

शैक्षिक शोध के शब्द-कोष के अनुसार "पर्यावरण शिक्षा की परिभाषा देना सरल कार्य नहीं है। पर्यावरण शिक्षा के विषय-क्षेत्र अन्य पाठ्यक्रमों की तुलना में कम परिभाषित है। फिर भी यह सर्वमान्य है कि पर्यावरण शिक्षा बहुविषयी होनी चाहिए, जिससे जैविक, सामाजिक, राजनैतिक आर्थिक और मानवीय संसाधनों से सामग्री प्राप्त होती हो। इस शिक्षा के शिक्षण के लिए सम्प्रत्यात्मक विधि सर्वोत्तम है।

पर्यावरण का ज्ञान प्राप्त करने हेतु यह आवश्यक है कि व्यक्ति अपने पास-पड़ोस के वातावरण से सम्बन्धित मूल्यों आदि को समझने का प्रयास करे और उसके प्रति अपना दृष्टिकोण एवं कौशल विकसित करें। पर्यावरण शिक्षा द्वारा बालकों के अन्दर एक ऐसी चेतना विकसित की जाती है। जिससे वे पर्यावरण के अध्ययन को बोधगम्य कर सकें तथा भौतिक संसाधनों जैसे भूमि, जल, वायु, पौधे आदि तथा सामाजिक पर्यावरण, जैसे परिवार समुदाय धार्मिक कर सकें तथा पर्यावरण को प्रदूषित होने से बचा सके एवं पर्यावरण का संरक्षण एवं सुरक्षा के प्रति जागरूक बन सकें। पर्यावरण से सम्बन्धित इस प्रकार की मौलिक धारणाएं तथा समस्याएं पर्यावरण शिक्षा की परिधि में आती है। यह शिक्षा परिस्थितियों से सही संतुलन स्थापित करने की समझ का विकास करती है। पर्यावरण शिक्षा पर्यावरण के संरक्षण, संबर्धन तथा सुधार के समझ का विकास करती है। मानव तथा प्रकृति के मध्य सुसम्बन्धों की व्याख्या करती हुई मनुष्य को प्रकृति से सीखने के ज्ञान की प्राप्ति में सहायक होती है।

ऊर्जा की अत्यधिक खपत, जंगलों की आवश्यकता से अधिक कटाई, तीव्र गति से बढ़ती जनसंख्या संसाधनों का निर्मम शोषण, पर्यावरण के

भौतिक संघटकों की गुणवत्ता में ह्रास यानी स्थल, जल तथा वायु की गुणवत्ता में ह्रास के कारण भौतिक प्रदूषण, (स्थल प्रदूषण, जल प्रदूषण, वायु प्रदूषण), विभिन्न कारकों तथा प्रक्रियाओं द्वारा मानव समुदाय की गुणवत्ता में अवनयन यानी आर्थिक प्रदूषण धार्मिक प्रदूषण राजनैतिक प्रदूषण, जातीय प्रदूषण एवं सामाजिक प्रदूषण (लूट-पाट, बलात्कार, डकैती, हत्या आदि) के प्रति संचेतना, ज्ञान, समझ, अनुकूल दृष्टिकोण का विकास, संरक्षण तथा सुधार के मार्ग को प्रशस्त करती हुई प्रकृति तथा मानव समुदाय के बीच अन्तर्सम्बन्धों को सामन्जस्यपूर्ण बनाने में पर्यावरण शिक्षा सहायता प्रदान करती है।

आज प्रायः पुरे विश्व में विभिन्न स्रोतों से प्रदूषणमय होता जा रहा है। प्रदूषण उत्पन्न करने वाले प्रमुख स्रोत निम्न हैं

प्राकृतिक स्रोत पर्यावरण प्रदूषण के प्राकृतिक श्रोत ज्वालामुखी राख एवं धूल, भूकम्प के कारण पृथ्वी पर लाये गये बाढ़ के जल, भूमि-अपरदन द्वारा उत्पन्न अवसाद है।

औद्योगिक स्रोत नाइट्रोजन ऑक्साइड, सल्फर डाईऑक्साइड, कार्बन मोनोऑक्साइड हाइड्रो कार्बन तथा अन्य जहरीली गैंसे, विभिन्न प्रकार के रसायनों से मिश्रित अपशिष्ट जल, उष्मा आदि।

नगरीय स्रोत सीवेज जल, ठोस अपशिष्ट पदार्थ, कूड़ा-कचरा, मल-मूत्र गन्दे नालों से बहने वाला जल, स्वचालित वाहनों से निकली गैसें, कारखानों की चिमनियों से निकलने वाले अनेक प्रकार के प्रदूषक आदि।

कृषि स्रोत रासायनिक खाद, कीटनाशी दवा, शाकनाशी, रोगनाशी कृत्रिम रसायन आदि।

जनसंख्या स्रोत जनसंख्या प्रदूषण का अत्यन्त महत्वपूर्ण स्रोत मनुष्य ही हैं, कारणकि मनुष्य के क्रिया-कलापों के कारण ही प्रभावजनित प्रदूषण उत्पन्न होते हैं। सम्पूर्ण भूमण्डल प्रदूषण के घेरे में जकड़ता जा रहा है।

परिणामस्वरूप, मानव तथा पर्यावरण के मध्य असंतुलन की मात्रा में अधिकाधिक वृद्धि होती जा रही है। पूरा विश्व खतरे के जाल में फंसता जा रहा है। अतः आज सम्पूर्ण विश्व के लोगों के लिए पर्यावरण शिक्षा की महत्ता सर्वाधिक हो गई है। पर्यावरण शिक्षा ही इन दुष्परिणामों तथा विपत्तियों से मानव समुदाय को बचा सकती हैं। इसी संदर्भ में क्षेत्रीय शिक्षा महाविद्यालय, भोपाल (म०प्र०) के ए० बी० सक्सेना का कहना है कि "पर्यावरण शिक्षा वह प्रक्रिया है, जो पर्यावरण के बारे में हमें संचेतना, ज्ञान और समझ देती है। इसके बारे में अनुकूल दृष्टिकोण को विकास करती है और इसके संरक्षण तथा सुधार की दशा में हमें प्रतिबद्ध करती है।"

पर्यावरण शिक्षा का महत्व

पर्यावरण शिक्षा के महत्त्व को निम्नांकित शब्दों द्वारा व्यक्त किया जा सकता है

- प्रकृति तथा मानव समाज के साथ सही ताल-मेल सिखाने का कार्य पर्यावरण शिक्षा करती है। प्रकृति और पर्यावरण के बीच मधुर सम्बन्ध रहने पर ही मानव सुख और शान्ति से अपना जीवन व्यतीत कर सकता है। प्राकृतिक दोहन से मनुष्य विपत्तियों का शिकार होने लगता है मधुर सम्बन्धों की पोथी सबसे उच्च स्तर की पोथी होती हैं। पर्यावरण शिक्षा मधुर सम्बन्धों की पोथी की रचना करती है।
- आज का मनुष्य प्रकृति का शत्रु बनकर उस पर विजय प्राप्त करना चाहता है। वह प्राचीन समय कें प्रकृति मानव के मधुर सम्बन्धों को भूल जाना चाहता है। शकुन्तला का प्रकृति प्रेम भारतवासियों के लिए चिरस्मरणीय है।
- हर प्रकार के सुखों का आधार है। शान्ति से नैतिकता तथा सद्‌गुणों का विकास होता है। इसी से अच्छे भाव निर्मित होते है। असीम सम्पदा वाले व्यक्ति का मन यदि शान्त नहीं है तो उसका सब धन

व्यर्थ है। शान्ति चाहने वाला व्यक्ति प्रकृति की शान्ति को बाधित नहीं करेगा। ऊंचे-ऊंचे पहाड़ों एवं नदियों को बाधित करना, वन्य जीवों को दुखी एवं अशान्त करना, वनों की अथाह नैसर्गिक सम्पत्ति तथा सौन्दर्य को नष्ट करना, नदियों के स्वच्छ एवं शीतल जल में कारखानों का उत्सर्जित जहर घोलना, वाहनों एवं चिमनियों के धुएं से मनुष्यों में विभिन्न रोग उत्पन्न करना आदि क्रियायें सुख-शान्ति चाहने वाला व्यक्ति नहीं कर सकता है। पर्यावरण शिक्षा मानव को इन्हीं क्रियाओं को करने से रोकती हैं।

- मनुष्य के जीवन का अस्तित्व आज नाभिकीय अस्त्रों के कारण खतरे में पड़ गया है। आज का मानव प्रदूषण के गर्त में खड़ा होकर चन्द्रमा पर प्लेटफार्म बनाने की बात सोच रहा है। यह कैसी विडम्बना है? पर्यावरण शिक्षा ही इन सभी प्रश्नों का सही उत्तर दे सकती है। पर्यावरण के साथ नकारात्मक दृष्टिकोण रखने के कारण ही आज के मनुष्य की जीवन-रेखा छोटी हो गई है। अतः पर्यावरण शिक्षा इन खतरों को दूर करते हुए मनुष्यों के जीवन में स्थायित्व ला सकती है।
- प्रकृति के संसाधन एक दूसरे से ईर्ष्या नहीं करते हैं। मानव ही मानव मात्र से ईर्ष्या करता है। एक पेड़ दूसरे को नष्ट करना नहीं चाहता है। एक नदी का कलकल बहता जल दूसरे नदी के कलकल बहते हुए जल से ईर्ष्या नहीं करता है। विवेकशील मनुष्य ही इस प्रकार की क्रियायें करता है। पर्यावरण शिक्षा के माध्यम से व्यक्तियों में प्रकृति का उदाहरण देते हुए सद्भाव की भावना को विकसित किया जा सकता है तथा लोगों में "वसुधैव कुटुम्बकम्" के भाव को जागृत किया जा सकता है।

अतः मनुष्य का प्रकृति के मधुर सम्बन्धों का ह्रास जिस गति से होता जा रहा है वह मानव को विनाश के निकट लाता जा रहा है। पर्यावरण

शिक्षा के माध्यम से इस प्रवृति पर रोक लगाई जा सकती है। अतः यह शिक्षा मानव के लिए अत्यन्त उपयोगी है।

स्वास्थ्य एवं शरीर विज्ञान पर्यावरण शिक्षा

स्वास्थ्य तथा शरीर-विज्ञान का क्षेत्र पूर्णरूप से पर्यावरण शिक्षा से सम्बन्धित है। उदाहरणस्वरूप, पेड़-पौधों तथा वनस्पतियों से हमें ऑक्सीजन प्राप्त होती है तथा हम कार्बन-डाई ऑक्साइड छोड़ते है। ऑक्सीजन जो शुद्ध वायु है, हम सभी के स्वास्थ्य के लिए अति आवश्यक है। अर्थात मनुष्यों की प्राण-वायु वृक्षों से मिलती हैं। मनुष्य को यही वायु फेफड़े में पहुंचकर खून को शुद्ध करती हैं। जिससे मनुष्य जीवित रहता है। इसके अलावा जड़ी-बूटियां तथा विभिन्न प्रकार की औषधियां पेड़-पौधों से ही प्राप्त होती हैं। अतः यह स्पष्ट है कि पर्यावरण शिक्षा स्पष्ट रूप से स्वास्थ्य तथा शरीर-विज्ञान से सम्बन्धित है।

5

हम तथा हमारा पर्यावरण

परि+आवरण। परि अर्थात् चारों ओर, आवरण अर्थात् ढ़का हुआ या रुका हुआ। वे सारी स्थितियां, परिस्थितियां का प्रभाव जो किसी भी प्राणी या प्राणियों के विकास पर चारों ओर से प्रभाव डालते हैं, वह उसका पर्यावरण है। आज पर्यावरण तथा इसके नकारात्मक एवं सकारात्मक प्रभाव संबंधी चर्चाएँ आम हो गई हैं। आज सभी के मन में पर्यावरण के दुष्प्रभावों को लेकर काफी चिंता है। प्रत्येक व्यक्ति स्वच्छ और प्रदूषण-मुक्त पर्यावरण में रहने के अपने अधिकारों के प्रति सजग होने लगा है और अपने दायित्वों को समझने लगा है। यही कारण है कि मात्र 15-20 साल पहले जन्मी ज्ञान की इस शाखा ने अपने पांव बड़ी तेजी से पसार लिए हैं। आज ज्ञान-विज्ञान की ऐसी कोई भी विषय-शाखा नहीं है, जिसमें पर्यावरण-सम्बन्धी समस्याओं की चर्चा न हो।

वास्तव में पर्यावरण में वह सब कुछ सम्मिलित है जिसे हम अपने चारों ओर देखते हैं, जल, स्थल, वायु, मनुष्य, पशु (जलचर, थलचर, नभचर), वृक्ष, पहाड़, घाटियां एवं भू-दृश्य आदि सभी पर्यावरण के भाग है।

मनुष्य एवं पर्यावरण

हमारे ग्रह पृथ्वी का निर्माण लगभग 50 करोड़ वर्ष पूर्व कास्मिक थून

के जमने से हुआ था। इसके इतिहास के अर्द्धभाग मे बहुत से भूगर्भी चढ़ाव एंव ताप परिवर्तन हुए है। जिसके परिणामस्वरूप महासागर, पर्वत एवं मैदानी भागों का निर्माण हुआ। पृथ्वी के पुराने वायुमण्डल में मिथेन, अमोनिया, जल-वाष्प एंव कार्बन-डाई ऑक्साइड गैसें थीं। परंतु ऑक्सीजन नहीं थी।

जीवन की प्रथम उत्पत्ति 2.5 से 30 बिलियन वर्ष पूर्व हुई। इसके एक बिलियन वर्ष बाद ऑक्सीजन का निर्माण हुआ। ऑक्सीजन और ओजोन की रक्षक परत का निर्माण हुआ। पृथ्वी के इतिहास के दूसरे अर्द्धकाल में भूगर्भी परिवर्तनों से छोटे-छोटे पौधों का निर्माण हुआ। अभी भी पर्यावरणीय परिस्थितियां मनुष्य के विकास के लिए सहज अनुकूल नहीं थीं। पृथ्वी की सबसे बड़ी उत्पत्ति के रूप में मनुष्य का निर्माण लगभग 10 लाख वर्ष पूर्व हुआ। प्रारंभ में मनुष्य एक जीव-वैज्ञानिक था और प्राकृतिक व्यवस्था का एक भाग था। मनुष्य का व्यवहार एवं उनकी संख्या प्राकृतिक रोक व सन्तुलन द्वारा नियंत्रित की जाती थी। खेती-बाड़ी, सामाजिक-वैज्ञानिक तथा तकनीकी क्रान्ति द्वारा प्रकृति की पारिस्थितिकी व्यवस्था से बाहर नहीं निकला बल्कि इसे नियंत्रित करना भी उसने प्रांरभ किया और इसके द्वारा उसने अपने संसाधनो का विकास किया। इससे मानव और प्रकृति के संबंधों में परिवर्तन हुआ। प्राचीन पृथ्वी पर हाइड्रोजन, जल-वाष्प, मेथेन, अमोनिया आदि गैसों का वातावरण था। विद्युतीय शक्ति, ताप एवं पराबैंगनीय रश्मियों की सहायता से इन पदार्थों ने संयुक्त होकर अधिक जटिल अणु का निर्माण किया। इन जटिल कार्बनिक पदार्थों को वर्षा द्वार समुद्र में ले जाया गया जहां पर लाखों वर्षों तक ये इकट्ठे होते गये।

इस प्रकार इन कार्बनिक अणुओं के एकत्रित होने से समुद्र में तनु उष्ण सूप का निर्माण हुआ। इस तरह के अकार्बनिक संश्लेषण और कार्बनिक पदार्थों का एकत्रित होना विकास की अवस्था में संभव हो सका। यह उस समय की तीन परिस्थितियों के कारण हुआ

वायुमण्डल में उपरोक्त गैसों का पाया जाना। पराबैंगनी विकिरण के रूप मे उपलब्ध आवश्यक ऊर्जा की उपस्थिति जो वायुमण्डल में प्रवेश की क्षमता रखती हो। कार्बनिक पदार्थ जीवन की अनुपस्थिति तथा सड़ने की अनुपस्थिति के कारण एक दूसरे के सम्पर्क में आये जिससे Cocervates Oparin का निर्माण हुआ।

जीव वैज्ञानिक अभी भी निश्चित नहीं है कि जीवन का प्रथम निर्माण किस तरह हुआ?

फॉक्स के प्रयोग इंगित करते हैं कि साधारण अणुओं के रासायनिक बन्ध टूटने से अधिक जटिल कार्बनिक अणुओं का निर्माण हुआ। सबसे प्रथम प्राणी जटिल हो सकता है। जिसमें कुछ साधारण रासायनिक क्रियाएं होती होंगी। परिस्थिति कुछ निश्चित अणुओं के सहयोग से ऊर्जा उत्पन्न हुई होंगी जिसकी प्रतिक्रिया के कारण वह स्थिर हो सका।

सबसे साधारण जीवन-विधि के विकास में अत्यंत दीर्घ समय लगा होगा। जीवन-विधि की प्राचीन व्यवस्था में जीवन पदार्थों में सम्भवतः बनने और टूटने की क्रियाएं कई बार हुईं परन्तु मुख्य विधियां अस्तित्व में रही जिससे प्राणी जीवन की उत्पत्ति हुई। इस प्रक्रिया में 2 में ढाई बिलियन वर्ष का समय लगा।

मनुष्य सजीव प्राणी थे जब वे धरती पर आए अतः श्वास छोड़ने की प्रक्रिया के कारण वायुमण्डल में कार्बन डाईऑक्साइड की मात्रा एकत्र होने लगी। स्वयं श्वास लेने वाले धीरे-धीरे बाद में विकसित हुए। हरितपथ से वायुमण्डल में ऑक्सीजन का निर्माण होने लगा।

एक ओजोन की परत भी बन गई जो सूर्य की पराबैंगनी किरणों को छनकर पृथ्वी पर आने देती थी। इससे ऐसी परिस्थितियां बनी कि वायु से श्वास लेना संभव होने लगा। इस प्रकार हरित परत और श्वसन प्रक्रिया से कार्बन डाईऑक्साइड और ऑक्सीजन का एक निश्चित परिमाण वातावरण मे निर्मित हो गया।

पर्यावरण के तीन प्रमुख अंग

ईश्वर द्वारा हमें तीन बहुमूल्य चीजें प्रदान की हैं जो निम्न प्रकार हैं

- पृथ्वी
- पानी
- हवा।

पृथ्वी निवास करने के लिए, पानी पीने के लिए और हवा सांस लेने के लिए। इन तीनों के बिना हम जी नहीं सकते। पृथ्वी की ऊपरी परत मिट्टी की बनी होती है। यह अनाज उगाने के काम में आती हैं। भगवान ने पृथ्वी पर करोड़ों वृक्ष भी उगाए हैं। उसने पृथ्वी पर पर्वत बनाए, नदियां बनाई, समुद्र बनाएं, तरह-तरह के पशु और पक्षी पैदा किए। दूध देने वाले मवेशी पैदा किए एवं सवारी के लिए घोड़े, ऊंट व हाथी पैदा किए।

ईश्वर ने पृथ्वी के अंदर भिन्न-भिन्न प्रकार के खनिज बनाए। लोहा, कोयला, सीसा, जस्ता, चांदी सोना आदि। भगवान ने पृथ्वी पर पानी का भी प्रबन्ध किया। पृथ्वी के तीन-चौथाई भाग में पानी है। पृथ्वी पर कई सागर और महासागर हैं। जब तेज गर्मी पड़ती है तो पानी भाप बनकर हवा में उड़ जाता है। अधिक ऊंचाई पर जाकर बादल बन जाता है फिर बरसात के रूप मे पृथ्वी पर बरस जाता है।

पर्वतों की चोटियों पर बर्फ जमीं रहती है। गर्मी पाकर यह बरफ पानी बनने लगती है। यह पानी बहकर झरनों और नदियों का रूप लेता हैं। गंगा, जमुना, ब्रह्मपुत्र और सिन्ध नदियां इसी तरह बनी हैं। बरसात का पानी भी जमीन पर बहता है। यह नालों और नदियों का रूप लेता है। पृथ्वी के ऊपर, चारों तरफ वायुमण्डल है। यहां हर समय हवा चलती रहती है। यदि हवा न हो तो हम सांस नहीं ले सकते।

वायुमण्डल में विभिन्न प्रकार की गैसें वर्तमान हैं। ऑक्सीजन गैस, उनमें से एक है। वनस्पति यह गैस हवा में छोड़ती है। जब हम सांस लेते

हैं तो यह गैस हमारे बदन में जाती है इसी से हम जीते हैं। वनस्पति हमारे बदन से निकलने वाली कार्बन-डाईऑक्साइड गैस लेती है। इस तरह गैसों का आदान-प्रदान होता है। इससे आदमी भी जीवित रहता है और पेड़-पौधे भी जीवित रहते है। लेकिन दुःख इस बात का है कि हमने पृथ्वी, पानी और हवा की कद्र नहीं की। इनको अन्धाधुंध काम में लेना शुरू कर दिया। इनसे लोग गलत लाभ भी उठाने लगे। पृथ्वी पर स्थित जंगलों के वृक्ष काट कर, बड़े-बड़े कारखाने खड़े कर दिये। खेतों में कीटनाशक दवाइयां छिड़कने लगे। नदी-नालों में कारखाने का विषैला पानी बहाने लगे। मल-मूत्र बहाने लगे। आग, धुंध और जहरीली गैसों से पृथ्वी और वायुमण्डल को भर दिया। पृथ्वी रहने के लायक नहीं रही। पानी पीने के लायक नहीं रहा। हवा सांस लेने के लायक नहीं रही। प्रदूषण का साम्राज्य कायम हो गया।

पर्यावरण के घटक

मोटे तौर पर दो पर्यावरण के विभिन्न घटकों को वर्गों में बांटा जा सकता हैं जैविक और भौतिक घटक। प्रकृति में उपस्थित भौतिक पदार्थों से ही जीव शरीर का निर्माण होता है। जब तक वह शरीर जीवित रहता है, तब तक उसकी भौतिक आवश्यकताएं पर्यावरण से पूरी होती हैं। शरीर का जब मृत्योपरांत अपघटन होता है, तब वे भौतिक पदार्थ पुनः पर्यावरण को वापस मिल जाते हैं। प्रकृति में भौतिक पदार्थों का यह चक्रीकरण निरन्तर होता रहता है। कार्बन-चक्र से यह मालूम होता है कि कोयला, पेट्रोल, ज्वालामुखी के उद्‌गार आदि के परिणामस्वरूप वायुमंडल में पाई जानेवाली कार्बन-डाईऑक्साइड (CO_2) गैस पौधों को भोजन बनाने में सहायक होती है। इन पौधों से मनुष्य, हिरन और बकरी जैसे उपभोक्ता जीव अपना आहार प्राप्त करते हैं। वे पौधों और उनके ये उपभोक्ता जीव अपनी-अपनी मृत्यु के बाद अपघटक के रूप में बदल जाते हैं। अपघटकों से प्रकृति को (CO_2) वापस मिल जाती है। बीच-बीच में चक्रण की इस प्रक्रिया के पौधों एवं उपभोक्ता जीवों के श्वसन के फलस्वरूप भी पर्यावरण में CO_2 गैस

मिलती रहती है। नाइट्रोजन-चक्र के अन्तर्गत हमारे वायुमंडल की नाइट्रोजनी गैसें राइजोबियम नामक जीवाणुओं के द्वारा मिट्टी के नाइट्रेट लवणों में बदल जाती हैं। ये नाइट्रेट लवण पोषक पदार्थ के रूप में पौधों द्वारा मिट्टी से ग्रहण किए जाते और भोजन के रूप में मनुष्य जैसे अनेक प्राणियों में पहुंचते हैं। पाचन क्रिया के फलस्वरूप इनका रूपांतरण प्रोटीन में होता है। फिर अमोनिया गैस बनती है, जिसका कुछ अंश वायुमंडल में मिल जाता है और शेष मिट्टी के नाइट्रेट लवणों में बदलकर पुनः चक्रण में भाग लेता है।

पौधों एवं प्राणियों की मृत्यु के पश्चात् उनके 'शरीर' में संचित नाइट्रोजनी पदार्थ अमोनिया में बदलकर पुनः वायुमंडल अथवा मिट्टी में पहुंच जाते हैं और यह चक्र पूरा हो जाता है।

फास्फोरस चक्र तुलनात्मक रूप से सरल है। फास्फेटयुक्त चट्टानों में पाया जाने वाला फास्फोरस अपरदन आदि के फलस्वरूप मिट्टी में पहुंच जाता है और आहार के जरिए यह प्राणियों मे पहुंच जाता है। जब प्राणियों एवं पौधों की मृत्यु होती है तो अपघटक पदार्थों में बदलकर पुनः मिट्टी में मिल जाता है।

हमने कार्बन, नाइट्रोजन तथा फास्फोरस के इन तीनों चक्रों के माध्यम से प्रकृति में विभिन्न पदार्थों के निर्माण एवं विघटन की श्रृंखला का ज्ञान प्राप्त किया और उनका महत्त्व जाना। समस्त प्राणी अपना आहार पौधों से प्राप्त करते हैं तीर का निशान संकेत हमेशा पौधों से प्राणियों की ओर है। इस निशान का मतलब यह है कि सभी प्राणी अपना भोजन सीधे पौधों से प्राप्त करते हैं। परंतु इसके विपरीत पौधे अपना भोजन स्वयं बनाते हैं। इसीलिए खाद्य-श्रृंखला में पौधों को उत्पादक की संज्ञा से विभूषित करते हैं। इस श्रृंखला में दूसरा स्थान चिड़िया, हिरन, हाथी और मनुष्य जैसे शाकाहारी प्राणियों का है इन्हें प्राथमिक उपभोक्ता कहते हैं। इनके ऊपर सर्प, लोमड़ी व शेर जैसे मांसाहारी प्राणी हैं, जो प्राथमिक उपभोक्ताओं का भक्षण करते हैं।

सूर्य पौधे मानव (शाकाहारी) अपघटन पदार्थ मृदा पौधे।

सूर्य पौधे शाकाहारी प्राणी खरगोश मानव
(मांसाहारी) अपघटन पदार्थ मृदा पौधे।

सूर्य पौधे खरगोश (शाकाहारी) शेर
(मांसाहारी) अपघटन पदार्थ मृदा पौधे।

सूर्य पौधे खरगोश अपघटन पदार्थ पौधे।

सूर्य पौधे अपघटन पदार्थ पदार्थ।

इन उपर्युक्त पांचों श्रृंखलाओं से यह स्पष्ट होता है कि सूर्य के प्रकाश में पौधों द्वारा निर्मित भोजन विभिन्न प्राणियों तक कैसे पहुंचता है? और उनकी मृत्यु के पश्चात् अपघटक पदार्थों में तब्दील होकर किस प्रकार पुनः मिट्टी से पोषक पदार्थों के रूप में पौधों को वापस मिल जाता हैं भोजन की इस श्रृंखला में कोई भी कड़ी कमजोर हुई या टूट गयी तो अगली कड़ी भुखमरी का शिकार हो जाएगी, उसका अस्तित्व ही समाप्त हो जाएगा। इसलिए हमें इस प्रकृति में अपने पर्यावरण के प्रत्येक पौधे का, प्रत्येक प्राणी का ख्याल रखना चाहिए, उसकी सुरक्षा होगी। इसलिए अपने पर्यावरण की सुरक्षा और उसके हर अंग, हर घटक की देखभाल हमारा सबसे बड़ा धर्म, हमारा दायित्व है।

बढ़ती जनसंख्या से पर्यावरण को खतरा

आज यह गहन चिंता का विषय बन गया है कि हमारी जनसंख्या बढ़ने के साथ-साथ अन्य जीवों, पशु-पक्षियों और पौधों के विलुप्त हो जाने की आशंका बढ़ती जा रही है। हमारी जनसंख्या जैसे-जैसे बढ़ रही है, उद्योग-धन्धों का विकास हो रहा है, वैसे-वैसे हमारे पर्यावरण को खतरा भी बढ़ रहा है। कल-कारखानों से निकलने वाली विषैली गैसों हमारे वायुमंडल को जहरीला बना रही है। इन कारखानों से निकलने वाले व्यर्थ पदार्थ हमारे

नदी-नालों और मिट्टी को प्रदूषित कर रहे हैं। इस प्रकार हम मनुष्यों के ही स्वास्थ्य और जीवन के लिए खतरा होता जा रहा है। चिन्ता की बात यही है। पर्यावरण का विषय-क्षेत्र इन सारी चिन्ताओं को अपने-आप में समेटे हुए है। पर्यावरण-सम्बन्धी चिन्ताओं ने समूचे मानव-समुदाय को झकझोर कर रख दिया है। कहा जाता है कि मनुष्य इस जीव जगत् में सबसे बुद्धिमान प्राणी है। शायद यह कहना सच भी है। परंतु पर्यावरण की समस्या ने मानव-बुद्धि को चकरा दिया है। सारी मानव-जाति आज एक ऐसे दोराहे पर खड़ी है जहां से सामने की दिशा में पूर्ववत् आगे बढ़ते जाना अपने को मौत के मुंह में ढकेलने के बराबर है। लेकिन लौटकर पीछे जाना स्वयं ही जंगली आदम-सभ्यता को स्वीकार लेना होगा।

समस्या सचमुच बड़ी जटिल है। पीछे लौटकर न तो हम मानव-सभ्यता के गौरवपूर्ण इतिहास को झुठलाना चाहेंगे और न ही आगे बढ़ते हुए अपनी सुन्दर सभ्यता नष्ट करना पसन्द करेंगे। 'इधर मौत, उधर खाई' के इस द्वन्द्व को मिटाने का एक ही उपाय है एक नये रास्ते का निर्माण, एक नई दिशा में प्रस्थान। इसी नई दिशा की खोज का प्रयास है पर्यावरण विज्ञान। लेकिन हम किसी भी दिशा में तो चल नहीं सकते। प्रकृति का सन्तुलन बड़ा नाज़ुक है। इस नाज़ुक सन्तुलन को बनाए रखते हुए ही हम अपनी नई दिशा तलाश सकते हैं। कहीं भी अगर हम चूके तो पहाड़ी से फिसलते हुए व्यक्ति की तरह कहां जा गिरेंगे, कोई ठिकाना नहीं।

पर्यावरण की वर्तमान स्थिति

पर्यावरण की वर्तमान स्थिति के बारे में यदि यह संयुक्त राष्ट्र संघ की आधुनिकतम रिपोर्ट पर हम विश्वास करें जिसे विश्व के सभी देशों के पिछले 10 से 15 वर्षों के अध्ययन के पश्चात् तैयार किया गया। इसके प्रमुख अंश निम्नाकिंत हैं

- विश्व की 10 प्रतिशत नदियां प्रदूषित हैं जिनमें गंगा का स्थान सबसे ऊपर है।

- उष्णकटिबंधीय वर्षा वन, जो विश्व के अधिकतर पौधों और जानवरों की जातियों के जन्म स्थल हैं। 20 हेक्टेयर प्रति मिनट की दर से लुप्त होते आ रहे हैं इनकी हजारों प्राणियों की जातियां तो सूचीकरण से पूर्व ही नष्ट हो जाती हैं।
- उष्णकटिबंधीय वनों का 2 करोड़ 70 लाख एकड़ प्रतिवर्ष की दर से ह्रास हो रहा है तथा मिट्टी की ऊपरी परत 2 करोड़ 60 लाख टन प्रतिवर्ष की दर से क्षय हो रही है।
- मरूस्थलों का एक करोड़ तीस लाख एकड़ प्रतिवर्ष की दर से विस्तार हो रहा है, तथा विश्व की आधे से अधिक सिंचित भूमि क्षारीयता के कारण विनाश के खतरे में हैं।
- विश्व के 62.5 करोड़ व्यक्ति कार्बन-डाईऑक्सइड और नाइट्रोजन गैसों से प्रदूषित वायु में सांस ले रहे हैं। आठ महानगरों में सल्फर डाईऑक्साइड की सर्वाधिक मात्राएं पाई गई, जिनमें 5 तृतीय विश्व में हैं यथा शेनयांग, तेहरान, सिओल, रियाडिजेनिए और वाइजिंग (पेकिंग)।
- ऊपरी वायुमंडल का ओजोन स्तर, जो सूर्य की प्रबल संहारक पराबैंगनी रश्मियों से हमारी रक्षा करता है, दिन पर दिन पतला होता जा रहा है। इससे तापमान बढ़ रहा है जिससे विश्व में जीव समुदाय का खतरा उत्पन्न हो गया है। सम्भावना है कि 2030 तक विश्व का तापमान 4.5 डिग्री सें. बढ़ जाएगा, फलस्वरूप हिमानियां पिघलेंगी, सागर का जल स्तर ऊंचा होगा और विश्व की एक-तिहाई आबादी के अस्तित्व को खतरा पैदा होगा और कृषि को भी बहुत हानि होगी।

अतः ऊपर के आंकड़ों के अनुसार पर्यावरण को हो रहे नुकसान पर रोक लगाना आज की अत्यंत प्रमुख आवश्यकता है। यह बात संतोषजनक है कि पर्यावरण के प्रति विश्व में चेतना जागृत हुई हैं तथापि भ्रांतियों से

ग्रस्त कुछ लोग पर्यावरण के नाम पर विकास का मार्ग अपनाना है। पर्यावरण और विकास की सहोदर का जामा पहनाना है। पर्यावरण और विकास एक दूसरे के विरोधी नहीं है, पर बड़ी योजनाओं के चक्कर में न पड़कर 'छोटा ही सुंदर है' की महत्ता को समझना है। छोटी योजनाएं थोड़े धन तथा स्थानीय सहयोग से अधिक लाभदायक होंगी। इस प्रकार पर्यावरण-संरक्षित विकास के सिद्धांत को आधार बनाना है।

कार्बन-डाइ ऑक्साइड बढ़ने के प्रभाव

वातावरण में कार्बन-डाइ ऑक्साइड बढ़ने से क्या-क्या प्रभाव पड़ सकते हैं? वातावरण में कार्बन-डाईऑक्साइड की मात्रा 690 पी. पी. एस. हो जाने पर विश्व का औसत ताप लगभग 30 सेंटीग्रेड बढ़ जाने की संभावना है। यहां यह उल्लेखनीय है कि पिछले 100 वर्षों में विश्व का औसत ताप लगभग 0.40 सेंटीग्रेड बढ़ा है। भूमध्य रेखा और उसके आस-पास के इलाकों का ताप 10 सेंटीग्रेड बढ़ेगा। ध्रुवों पर 4.50 सेण्टीग्रेड से 7.0 सेण्टीग्रेड ताप बढ़ने की उम्मीद है। औसत ताप बढ़ने के मुख्य रूप से दो प्रभाव हो सकते हैं।

प्रथम प्रभाव पड़ेगा सारी दुनिया की वर्षा पर। सहारा के रेगिस्तान के आस-पास के क्षेत्रों में अच्छी वर्षा होने की संभावना है।

औसत ताप बढ़ने का दूसरा मुख्य प्रभाव पड़ेगा ध्रुवों की बर्फ पर। वैज्ञानिकों का अनुमान है कि 50 सेंटीग्रेड ताप बढ़ने पर आर्कटिक सागर की सारी बर्फ गर्मी में पिघल जाएगी। हां, सर्दियों में फिर बर्फ जमने की आशा है। यह एक ऐसी स्थिति है जो पिछले दस लाख सालों में कभी नहीं आई। इसी तरह ग्रीन लैंड की बर्फ भी धीरे-धीरे पिघलना शुरू हो जाएगी। पश्चिमी अंटार्कटिक की बर्फ धीरे-धीरे पिघलकर समुद्र में आ जाएगी। और अगले सौ सालों में पूरी बर्फ पिघलना जारी रहा तो अगली सर्दी के

अंत तक समुद्र का जल स्तर 5.7 मीटर बढ़ जाने की संभावना है। वैज्ञानिकों का अनुमान है कि कुछ सदियों बाद ध्रुवों पर बिलकुल बर्फ नहीं रहेगी और समुद्र का जल-स्तर 50-70 मीटर बढ़ जाएगा।

मौसम में बदलाव की उपरोक्त संभावनाएं कल्पना की उड़ान नहीं है। ये संभावनाएं वैज्ञानिकों द्वारा ठोस वैज्ञानिक विवेचन के बाद बताई गई हैं। लेकिन इनमें एक कमी है। उपरोक्त बदलाव उस समय आपस में एक-दूसरे पर प्रभाव डालकर क्या स्थिति उत्पन्न करेंगे? इस विषय पर अधिक अध्ययन नहीं हुआ है। इसका पता तो अगली सर्दी में ही चलेगा।

6

पर्यावरण प्रदूषक तत्व

पर्यावरण प्रदूषक

ये रासायनिक या अवशिष्ट तत्व होते है जो वातावरण के स्वाभाविक सन्तुलन को बदल कर प्रदूषण उत्पन्न करते हैं। प्रदूषक मुख्यतः ऐसी वस्तुओं के अवशेष हैं जिन्हें मनुष्य निर्मित कराता है, उनका उपयोग करता है और फिर फेंक देता है।

जनसंख्या में वृद्धि के साथ-साथ प्रदूषकों की मात्रा, संख्या और प्रकारों में निरन्तर वृद्धि हो रही है। प्रदूषक दो तरह के होते हैं

(1) **अनिम्नीकरणीय प्रदूषक** पारे के यौगिक, एल्युमिनियम के डिब्बे, डी.डी.टी., काँच आदि जैसे रद्दी के रूप में फेंके गये पदार्थ गलते नहीं हैं और सूक्ष्मजीवियों के द्वारा अपघटित भी नहीं हो पाते। इनके पुनः चक्रण के लिए प्रकृति में कोई भी उपचार नहीं पाया जाता है।

(2) **जैव निम्नीकरणीय प्रदूषक** सूक्ष्मजीवियों द्वारा घरेलू वाहित मल (domestic sewage), कपड़ा, कागज, लकड़ी आदि व्यर्थ पदार्थों का अपघटन होता है। परन्तु जब यह अधिक मात्रा में एकत्रित हो जाते हैं तब इन पदार्थों की अधिक मात्रा का अपघटन कठिन होता है।

प्रभाव निम्नीकरण प्रदूषकों के एकत्रित होने पर तन्त्र को ऊर्जा (कार्बनिक पदार्थ) और पोषक पदार्थ (कार्बोनेट, फॉस्फेट आदि) मिलते हैं। तब तक तन्त्र में उत्पादन बढ़ता रहता है जब तक इनकी मात्रा साधारण रहती है। प्रदूषकों की मात्रा क्रान्तिक सीमा (Critical limit) तक पहुँचने से तन्त्र की गतिविधियों में अचानक तीव्र उतार-चढ़ाव उत्पन्न हो जाते हैं। इस समय यदि अतिरिक्त व्यर्थ और रद्दी पदार्थ तन्त्र में डाले जाते हैं तब यह तन्त्र के चक्र पर तनाव अथवा प्रतिबल (जतमे) उत्पन्न करते हैं और तन्त्र का सन्तुलन पूर्णतया बिगड़ जाता है।

अनिम्नीकरणीय प्रदूषक तन्त्र में सिर्फ एकत्रित ही नहीं होते वरन् खाद्य शृंखला में एक जीवधारी से दूसरे में और अन्त में सभी जीवधारियों में पहुँच जाते हैं। इसे जैवीय आवर्धन (bio-magnification) भी कहा जाता है। इस स्थानांतरण के दौरान यह प्रदूषक अन्य पदार्थों से मिलकर विषालु (toxic) पदार्थ बना लेते हैं और तन्त्र को, मुख्यतः जीवधारियों को पूर्णतया नष्ट कर देते हैं।

जल प्रदूषण का पर्यावरण प्रदूषण में योगदान

जल प्रकृति द्वारा हमें दिया गया एक अनमोल उपहार है जो न सिर्फ मनुष्य बल्कि जीव-जन्तु, वनस्पति आदि का जीवन आधार है। इसीलिए कहा भी जाता है, जल ही जीवन है। **मैक्सवेल** के अनुसार, "जल आर्थिक, सांस्कृतिक व जैविक दृष्टि से अत्यधिक उपयोगी संसाधन है। हम इसे पीते हैं, पुनः बाहर निकालते हैं, स्नान करते हैं, शान्त होते हैं, मछली पकड़ते हैं, खाना बनाते हैं, ठण्डा करते हैं, पौधों को सींचते हैं, ऊर्जा और शक्ति प्राप्त करते हैं, परिवहन और मनोरंजन करते हैं। इसीलिए विश्व की सभी महत्त्वपूर्ण सभ्यताएँ जल के स्रोतों के किनारे विकसित हुई हैं।"

धरती पर जल का विशाल भंडार है। पृथ्वी के क्षेत्र का लगभग 70 प्रतिशत भाग महासागरों द्वारा घिरा हुआ है परन्तु खारेपन के कारण यह

हमारे लिए उपयोगी नहीं है। धरातल पर उपस्थित नदियाँ, झील, भूमिगत जल स्रोत आदि मानव की दैनिक उपभोग की आपूर्ति करते हैं जो आवश्यकता की तुलना में अत्यधिक कम है। रासायनिक दृष्टि से जल हाइड्रोजन का मोनो ऑक्साइड (H_2O) है जिसमें दो भाग हाइड्रोजन व एक भाग ऑक्सीजन होता है किन्तु प्रकृति में इस प्रकार का शुद्ध जल नहीं पाया जाता।

जैसे ही वाष्प संघनित होकर वर्षा के रूप में वायुमण्डल में प्रवेश करती है उसमें विभिन्न प्रकार की गैसें, धूल के कण एवं अन्य अशुद्धियाँ मिश्रित होने लगती हैं और जैसे ही यह धरातल पर बहने लगती है इसमें अनेक रासायनिक व अन्य तत्त्व मिश्रित हो जाते हैं। इनमें से कुछ तत्त्व हानिकारक होते हैं तो कुछ का प्रभाव सामान्य होता है। अतः जल की गुणवत्ता इस तथ्य पर निर्भर करती है कि उसमें हानिकारक तत्त्वों की मात्रा का प्रतिशत कितना कम है।

जल के प्राकृतिक स्वरूप में बाह्य तत्त्वों के मिश्रित हो जाने के फलस्वरूप जब विकृति आ जाती है तो वह जीव जगत् के लिए हानिकारक हो जाता है, यही जल प्रदूषण कहलाता है। दूसरे शब्दों में प्राकृतिक जल में अवांछित बाह्य पदार्थों के मिलने से जल की गुणवत्ता में कमी आने को जल प्रदूषण कहते हैं।

गिलपिल के अनुसार "जल की रासायनिक, भौतिक और जैविक विशिष्टताओं में मुख्यतया मानवीय क्रियाओं से अवनति आ जाना ही जल प्रदूषण है।"

जब जल में कार्बनिक या अकार्बनिक पदार्थ मिश्रित हो जाते हैं तो उसकी भौतिक जैविक संरचना परिवर्तित हो जाती है, उसमें अनेक जीवाणु उत्पन्न हो जाते हैं जो सजीवों को प्रभावित करते हैं। इस प्रकार का जल प्रदूषित कहलाता है।

जल-प्रदूषण रोकथाम के कुछ महत्वपूर्ण सुझाव निम्न प्रकार से हैं

(1) समय-समय पर पेयजल स्त्रोतों में पोटेशियम परमैंगनेट जैसी दवा डालकर सामान्य जीवाणुओं से मुक्त किया जा सकता है।

(2) जल के प्रदूषण की सरकारी स्तर पर नियमित रूप से जाँच होनी चाहिये। उसका स्वास्थ्य एवं पर्यावरण पर पड़ने वाले प्रभाव का अध्ययन करना चाहिये। साथ ही इस कार्य पर समुचित निगरानी करके नियमों का उल्लंघन करने वाले को सख्त दण्ड दिया जाना चाहिये।

(3) जल शुद्ध करने में उपयोगी जलीय जीवों को संरक्षित करना चाहिये।

(4) सरकार के अतिरिक्त स्थानीय स्तर पर स्वयंसेवी संस्थाओं द्वारा इसमें सकारात्मक भूमिका निभाई जानी चाहिये।

(5) स्थानीय निवासियों को प्रदूषण के खतरे व रोकने के उपायों की जानकारी दी जानी चाहिये जिससे प्रारम्भिक अवस्था में इसे रोका जा सके।

(6) घरेलू बहिःस्राव व वाहित मल को उपचारित करने के पश्चात् ही किसी जल स्रोत में डाला जाना चाहिये।

(7) जल स्रोतों में मृत लाशों को बहाने पर पूर्ण रोक लगाना जरूरी है।

(8) पेयजल स्रोतों के निकट गन्दगी एकत्रित न होने के लिए चारों तरफ पक्की दीवार बनानी चाहिये व नहाने तथा कपड़े धोने पर पूरी रोक लगानी चाहिये।

(9) उद्योगों पर वाहित प्रदूषित जल को स्रोतों में डालने पर रोक का कठोरता से पालन किया जाये या जल उपचार संयन्त्र के द्वारा जल उपचारित करके ही नदी में छोड़ा जाए।

(10) उपचारित गन्दे पानी का उपयोग सिंचाई के लिए किया जा सकता है।

(11) कृषि में कीटनाशकों का प्रयोग कम-से-कम करना चाहिये। डी.डी.टी. व अन्य स्थाई कीटनाशकों पर रोक लगानी चाहिये।

(12) जल में उगे अनावश्यक शैवाल व अन्य पौधों की सफाई नियमित रूप से की जानी चाहिये।

1974 में केन्द्र सरकार द्वारा जल प्रदूषण समस्या से निपटने हेतु जल प्रदूषण नियंत्रण बोर्ड की स्थापना की गई तथा कई राज्यों में भी इस तरह के मण्डल स्थापित करने के लिए राज्य सरकार को भी सुझाव दिया। पर्यावरण संरक्षण अधिनियम, 1986 में जल प्रदूषण को नियन्त्रित करने की पर्याप्त व्यवस्था है। 1981-90 के दशक को अन्तर्राष्ट्रीय पेयजल एवं सेनीटेशन दशक के रूप में मनाया गया, जिसमें भारत भी सम्मिलित था। इसका उद्देश्य स्वच्छ व सुरक्षित जल प्रदान करना था। वास्तव में जल प्रदूषण एक ऐसी समस्या है जिसे सरकार और हम सब मिलकर ही नियन्त्रित कर अपना भविष्य सुरक्षित बना सकते हैं।

मृदा प्रदूषण का पर्यावरण प्रदूषण में योगदान

मृदा भूपर्पटी की ऊपरी सतह को कहा जाता है। इसका निर्माण चट्टानों के अपरदन से बनी है। पदार्थ की उपस्थिति जीवों के अस्तित्व के लिए आवश्यक है। विभिन्न प्रकार के घरेलू एवं औद्योगिक कचरे के पर्यावरण में मिलने के कारण मृदा प्रदूषण हुआ है।

घरों से निकला कचरा, कागज, कारखानों का अवमल, प्लास्टिक, घातक रसायन इत्यादि मृदा-प्रदूषण के लिए उत्तरदायी हैं। सैनिटरी लैंडफिल से निकलने वाला धोवन भी मृदा प्रदूषण का स्रोत है। रासायनिक निर्माण में जुटी औद्योगिक इकाइयाँ, कागज मिल, कपड़ा उद्योग, चमड़ा उद्योग, लौह-अयस्क कारखाने, तेल-शोधन संयन्त्र, कीटनाशक एवं उर्वरक निर्माण की इकाइयाँ इत्यादि भारी मात्रा में प्रदूषित जल एवं अवमल उत्पादित करती हैं। औद्योगिक इकाइयों से निकलने वाला अपशिष्ट व कचरा उपचार के बिना ही विसर्जित कर दिया जाता है। ताप बिजलीघरों से निकलने वाली फ्लाई ऐश मृदा प्रदूषण का प्रमुख कारण है।

कृषि में उपयोग होने वाले रसायन व उर्वरक मृदा में मिलकर इसकी उर्वरता को कम कर रहे हैं। अधिकतर कीटनाशी दीर्घायु हैं और ये भोजन-शृंखला के रास्ते मृदा से मनुष्य तक पहुँच रहे हैं। औद्योगिक कचरे में उपस्थित भारी धातुएँ स्वास्थ्य की दृष्टि से हानिप्रद हैं और मृदा प्रदूषण का कारण भी। पारा, सीसा, कैडमियम, आर्सेनिक इत्यादि स्वास्थ्य के लिए खतरा हैं।

शहरों एवं गाँवों में मल-मूत्र विसर्जन का स्थान भी मृदा है। यह क्रिया मृदा में रोगाणु पैदा करती हैं।

नाभिकीय संयन्त्रों से निकलने वाला कचरा और नाभिकीय परीक्षण से निकले रेडियोधर्मी पदार्थ मृदा में मिल जाते हैं। रेडियम, थोरियम, यूरेनियम, प्लूटोनियम, स्ट्रॉनशियम, आयोडीन इत्यादि मृदा में मिलकर चिरकालीन प्रभाव उत्पन्न करते हैं।

इस तरह मृदा के भौतिक, रासायनिक या जैविक गुणों में ऐसा कोई अवांछित बदलाव जिसका प्रभाव मनुष्य व अन्य जीवों पर पड़े या जिससे भूमि की प्राकृतिक गुणवत्ता तथा उपयोगिता नष्ट हो भू-प्रदूषण कहलाता है।

जैव मण्डल मृदा के प्रदूषण से बुरी तरह प्रभावित होते हैं। इससे एक ओर जहां पर्यावरण प्रदूषित होता है वहीं दूसरी ओर मनुष्य के स्वास्थ्य पर दुष्प्रभाव पड़ता है। भू-प्रदूषण के दुष्प्रभाव निम्नलिखित हैं

(1) कीटनाशक आदि हानिकारक पदार्थ मृदा में एकत्रित होकर मनुष्य की खाद्य शृंखला में, फसलों, सब्जियों, अंडे आदि के द्वारा खाने में आ जाते हैं और कई बीमारियों को जन्म देते हैं।

(2) भू-प्रदूषण से वायु व जल प्रदूषण में वृद्धि होती है।

(3) मृदा में उपस्थित विभिन्न प्रकार के अपशिष्ट पदार्थ पानी के साथ बहकर जल स्रोतों में पहुँचकर जल प्रदूषण पैदा करते हैं।

(4) सल्फर-डाइ-ऑक्साइड या सल्फर के यौगिक जल से क्रिया करके अम्ल बनते हैं और मृदा को अति अम्लीय बना देते हैं जो वनस्पति के लिए हानिकारक होता है।

(5) मृदा पर एकत्रित अपशिष्टों की वजह से अनेक जीवाणुओं का जन्म होता है जिनके कारण टी.बी., मलेरिया, हैजा, मोतीझरा, पेचिश, आँखों के रोग आदि बीमारियाँ फैलती हैं।

(6) विभिन्न अपशिष्टों में अनअपघटित कचरा होता है जो कभी समाप्त नहीं होता, जिससे मृदा की गुणवत्ता नष्ट होती है।

(7) नगरीय पर्यावरण दूषित होना, स्थान-स्थान पर कीचड़ एकत्रित होना, नालियों का अवरुद्ध होना, पेयजल का प्रदूषित होना आदि भू-प्रदूषण के परिणाम हैं।

(8) मृदा प्रदूषण का विपरीत प्रभाव उर्वरा शक्ति पर पड़ता है विशेषतः औद्योगिक अपशिष्टों द्वारा, कारणकि उसमें अनेक अघुलनशील एवं हानिकारक तत्त्व होते हैं।

(9) कूड़े-करकट के सड़ने-गलने से विभिन्न प्रकार की गैसें व दुर्गन्ध निकलती हैं जो चारों ओर के वातावरण को प्रदूषित कर देती हैं। इस गन्दगी में यदि रसायन मिश्रित होते हैं तो उनसे हानिकारक गैसें निकलती हैं।

सबसे ज्यादा मृदा प्रदूषण ठोस अपशिष्ट व कूड़ा-करकट से होता है। अतः मृदा प्रदूषण को खत्म करने के लिए ठोस अपशिष्ट का निस्तारण करना प्रथम आवश्यकता है। अपशिष्ट निस्तारण के लिए निम्न विधियाँ काम में लाई जाती हैं

(1) **कम्पोस्ट बनाना** कम्पोस्ट एक तरह का उर्वरक होता है, जिसका निर्माण नगरीय गन्दगी से साधारण प्रक्रिया द्वारा किया जा सकता है। इसमें विभिन्न जैविक व कार्बनिक अपशिष्टों को भूमि में

दबाकर, सड़ाकर या अन्य विधियों से खाद बनाकर उपयोग में लिया जाता है।

(2) **दारण** इसमें हड्डियाँ, वसा, पंख, रक्त आदि पशु अवशेषों को पकाकर चर्बी प्राप्त की जाती है। इस चर्बी का प्रयोग साबुन बनाने में किया जाता है। साथ ही प्रोटीन अंश वाला पदार्थ भी निकलता है जिसका उपयोग पशुचारे के रूप में होता है।

(3) **महासागरों में निस्तारण** कई विकसित देशों में ठोस अपशिष्ट का निस्तारण उसे महासागरों में डालकर किया जाता है। महासागर काफी गहरे होते हैं और यह माना जाता है कि जितने भी अपशिष्ट इनमें डाले जायेंगे वो सागरीय गहराई में लीन हो जायेंगे। लगभग 200 स्थानों पर यह कार्य किया जा रहा है परन्तु यह सोचना गलत व निराधार है।

सागरीय जल को ठोस अपशिष्ट न सिर्फ प्रदूषित करता है अपितु इससे सागरीय जीव-जन्तु व वनस्पति नष्ट हो जाती है। इसलिए संयुक्त राज्य में 1970 में पर्यावरण गुणवत्ता परिषद् ने सचेत किया कि महासागरों में अपशिष्ट डालने पर रोक लगाना आवश्यक है। अतः केवल वे अपशिष्ट जो आसानी से घुल जाएँ व हानिकारक न हों, उन्हें ही सागर में डालना चाहिये।

(4) **विद्युत उत्पादन** इस पद्धति का प्रयोग विकसित देशों में किया जाता है जिससे धातु रहित अपशिष्ट पदार्थों से ऊर्जा पैदा की जाती है। इसमें अवशिष्ट पदार्थों को विशेष प्रक्रिया से गुजारकर वाष्प उत्पादित कर उससे टरबाइन चलाकर विद्युत उत्पादन किया जा सकता है।

(5) **रासायनिक प्रक्रिया द्वारा** कूड़ा-करकट विभिन्न रासायनिक प्रक्रिया द्वारा भी समाप्त किया जा सकता है। इसका लाभ यह है कि इसके द्वारा कुछ उपयोगी पदार्थ व ऊर्जा प्राप्त की जा सकती है परन्तु

इसमें खर्च अत्यधिक आने के कारण इसे अपना नहीं पा रहे हैं। कुछ अपशिष्ट जिनमें पुनः वस्तुओं का निर्माण हो जाता है उनके लिए इस विधि का उपयोग करना चाहिये। जैसे कागज की लुगदी बनाना, धातु छीलन आदि।

(6) **भस्मीकरण** इस विधि का प्रयोग कर 60 से 80 प्रतिशत तक अपशिष्ट खत्म किया जा सकता है। इसमें दहन के लिए विभिन्न प्रकार के दहन संयंत्रों या भट्टियों का प्रयोग किया जाता है जो घरेलू दहन भट्टी से लेकर नगरपालिका द्वारा प्रयुक्त किये जाने वाला विशाल दहन प्लान्ट तक के आकार के होते हैं। इसमें निम्न बातों का ध्यान रखना आवश्यक है

(i) इससे उत्पन्न ऊर्जा को उपयोग में लेने की तकनीक विकसित करनी चाहिये।

(ii) वायु प्रदूषण नहीं होना चाहिये।

(iii) राख फैलनी नहीं चाहिए।

वायु प्रदूषण का पर्यावरण प्रदूषण में योगदान

पृथ्वी पर जीवन जीने के लिए जल के जैसा वायु भी एक आवश्यक तत्त्व है, जो वायुमण्डल के रूप में पृथ्वी को आवृत्त किये हुए है। इसी से प्राणियों एवं जीव-जन्तुओं को ऑक्सीजन और वनस्पति को कार्बन-डाइ-ऑक्साइड प्राप्त होती है। वायुमण्डल कई गैसों का आनुपातिक सम्मिश्रण है। इसमें गैसों का अनुपात इतना सन्तुलित है कि उसमें तनिक-सा प्रभाव चक्र को प्रभावित कर देता है और इसका सीधा प्रभाव पृथ्वी के जीव जगत् पर पड़ता है। यह वायुमंडल की वह स्थिति है जिसमें वायु में उपस्थित विशेष पदार्थों की मात्रा इतनी बढ़ जाती है कि इसका दुष्प्रभाव मनुष्य और पर्यावरण पर भी पड़ता है। ये पदार्थ गैस, धूल के कण, रेडियोधर्मी पदार्थ इत्यादि हैं। गैसीय प्रदूषकों में सल्फर के ऑक्साइड, नाइट्रोजन के ऑक्साइड,

कार्बन-मोनोऑक्साइड, हाइड्रोकार्बन इत्यादि हैं। **धूल कण** प्रदूषकों में धुआँ, धूल, भाप और पराग-कण इत्यादि आते हैं। रेडियोधर्मी प्रदूषकों में रेडॉन-222, आयोडीन-131, स्ट्रोनशियम-90 और प्लूटोनियम-239 प्रमुख हैं।

वायु प्रदूषण पर दो प्रकार से रोक लगाए जा सकते हैं:

(1) वायु प्रदूषण पर रोक लगाने के लिए।

(2) वायु प्रदूषण को कम करने के लिए।

वायु प्रदूषण पर प्रतिबंध लगाने हेतु विभिन्न तकनीकी साधनों का तो प्रयोग किया जा रहा है लेकिन इसके साथ ही जन जागृति की आवश्यकता है जिससे विश्व का प्रत्येक व्यक्ति इस में भागीदार बन सके।

वायु प्रदूषण को रोकने के लिए निम्न उपाय किये जाने चाहियें

1. वनों में लगने वाली आग तथा अन्य काण्डों पर शीघ्र नियन्त्रण की व्यवस्था होनी चाहियें।

2. प्रदूषण का प्रमुख कारण विभिन्न उद्योग हैं। इनके सम्बन्ध में निम्न उपाय करने चाहियें

   (क) कम प्रदूषणकारी प्रौद्योगिकी का उद्योगों में प्रयोग होना चाहिये।

   (ख) उद्योगों से निकलने वाले हानिकारक पदार्थों का शोधन होना चाहिये जिससे वे प्रदूषित न रहें।

   (ग) नगर से दूर स्थानों में उद्योग स्थापित किये जाने चाहियें।

   (घ) उद्योगों को प्रारम्भ करने से पूर्व उन समस्त विधियों की जानकारी कर लेनी चाहिये जिनसे प्रदूषण को नियन्त्रित कर सकते हैं।

   (ङ) उद्योगों की चिमनियों की ऊँचाई निर्धारित मानदण्ड के अनुसार होनी चाहिये।

3. वायु प्रदूषण रोकने हेतु वनों की कटाई पर रोक लगानी होगी तथा वृक्षारोपण किया जाना आवश्यक है। माना जाता है कि वायु प्रदूषण

से न्यूनतम हानि के लिए भूमि के 33 प्रतिशत भाग पर वनों का होना आवश्यक है। गाँवों व औद्योगिक क्षेत्रों के चारों तरफ हरित पेटी (Green belt) का विकास किया जाना जरूरी है।

4. प्रदूषकों का रूपान्तर द्वारा नियन्त्रण किया जा सकता है। विभिन्न रासायनिक क्रियाओं द्वारा हानिकारक रसायनों की प्रकृति को बदला जा सकता है। इस दिशा में प्रयास शोध के साथ-साथ सस्ते साधन निकालने आवश्यक हैं।

5. वाहनों के सम्बन्ध में निम्न बातों का ध्यान रखना आवश्यक है
   (अ) वाहनों से कम-से-कम प्रदूषक पदार्थ निकलने चाहियें।
   (ब) प्रदूषण डीजल में संयोजी पदार्थ मिलाकर तथा पेट्रोल से लेड और सल्फर को निकाल कर कम किया जा सकता है।
   (स) वाहन का इंजन पुराना न हो व भली-भँति ट्यून हो।
   (द) वाहनों से उत्पन्न धुएँ पर छलनी लगाई जानी चाहिये।

6. परम्परागत ईंधन का कम-से-कम प्रयोग किया जाना चाहिये या फिर उनके रूपान्तरित प्रकारों को उपयोग में लेना चाहिये।

7. रेल में कोयले के स्थान पर विद्युत चालित इंजन का प्रयोग करना चाहिये।

ध्वनि प्रदूषण का पर्यावरण प्रदूषण में योगदान

आज के युग में ध्वनि प्रदूषण भी एक भारी समस्या बनती जा रही है। इस समय विभिन्न प्रकार के श्रव्य उपकरणों का प्रयोग किया जा रहा है, जो ध्वनि प्रदूषण का प्रमुख कारण है। ध्वनि किसी भी कम्पन कर रहे स्रोत से आ रही ऊर्जा है। किसी के लिए संगीत प्रतीत होने वाली ध्वनि दूसरे के लिए शोर हो सकती है। बुरी लगने वाले अवांछित आवाज को ध्वनि अथवा शोर कहते हैं।

ध्वनि तीनों माध्यमों जैसे ठोस, तरल व गैस से होकर गुजरती है। ध्वनि तरंग माध्यम में पड़ने वाले दाब हैं। फलस्वरूप माध्यम के कणों में गति पैदा होती है।

मनुष्य के कान तक पहुँचने वाली ध्वनि दाब की सीमाएँ विभिन्न हैं। ध्वनि दाब स्तर की इकाई 'डेसीबल' है।

ध्वनि प्रदूषण के कारण विभिन्न प्रकार क दुष्परिणाम हो सकते हैंः

(1) **श्रव्य शक्ति का कम होना** श्रवणशक्ति पर 80 डेसीबल से अधिक का ध्वनि विपरीत प्रभाव डालता है तथा 120 डेसीबल की ध्वनि कानों की संवेदनशीलता को खत्म कर देती है। 150 डेसीबल की ध्वनि त्वचा को जला सकती है। 180 डेसीबल से मौत भी हो सकती है, इसीलिए 200 डेसीबल की ध्वनि वाले मारक अस्त्रों को भी विकसित किया गया है।

(2) **शारीरिक तन्त्रों पर प्रभाव** अत्यधिक ध्वनि से हृदय व पाचन तन्त्र पर भी विपरीत प्रभाव पड़ता है। सर्वेक्षणों में देखा गया कि व्यस्त हवाई अड्डे के निकट रहने वाले दम्पत्तियों के बच्चे अन्य क्षेत्रों के बच्चों से अपरिपक्व होते हैं।

(3) **स्मरण शक्ति पर प्रभाव** ध्वनि वाले क्षेत्रों में एकाग्रता न बन पाने के कारण स्मरण शक्ति कम हो जाती है। ध्वनि शराबे के कारण 60 प्रतिशत बच्चे पढ़ाई में ध्यान नहीं दे पाते तथा 40 प्रतिशत बहरेपन के शिकार हो जाते हैं।

(4) **मानसिक तनाव व सिरदर्द** आवश्यकता से अधिक ध्वनि तनाव पैदा करता है। पेरिस में 70 प्रतिशत मामलों में मानसिक तनाव का कारण हवाई अड्डों का ध्वनि है।

अतः हम कह सकते हैं कि ध्वनि के कारण दैनिक जीवन में मानसिक अस्थिरता, सामाजिक तनाव, लड़ाई, झगड़े, कुण्ठा, पागलपन आदि दोष भी

हो जाते हैं। आस्ट्रेलिया के एक विचारक के अनुसार, ध्वनि मनुष्य को समय पूर्व वृद्ध कर देता है, कैलिफोर्निया में शोध के बाद निष्कर्ष निकाला गया कि शान्त स्थानों में रहने वाली गर्भवती महिलाओं की तुलना में ध्वनिग्रस्त क्षेत्रों में रहने वाली महिलाओं द्वारा जन्में शिशुओं में जन्मजात विकृतियाँ अधिक होती हैं।

ध्वनि प्रदूषण का रोकथाम कुछ निम्नलिखित उपायों द्वारा संभव हो सकता है:

1. वाहनों में प्रयुक्त हॉर्न व सायरन की ध्वनि अत्यधिक तेज न करके मधुर बनाना चाहिये।
2. अपने आप में हम सभी को परिवर्तन कर रेडियो, टी.वी. आदि को कम आवाज में सुनने की आदत विकसित करनी चाहिये। तेज संगीत सुनने वालों को इसके दुष्प्रभाव से परिचित कराना जरूरी है।
3. सार्वजनिक मंचों पर एवं समारोहों में तेज ध्वनि यन्त्रों के प्रयोग पर रोक लगाना आवश्यक है।
4. पुराने तथा जीर्ण-शीर्ण वाहन जो अत्यधिक ध्वनि करते हैं उनके सड़कों पर चलने पर रोक लगानी चाहिये।
5. उद्योगों में मशीनों का रख-रखाव उचित प्रकार से होना चाहिये जिससे ध्वनि कम-से-कम हो।
6. ध्वनि प्रदूषण को कम करने में सघन वृक्षारोपण भी सहायक होगा।
7. आबादी से दूर के क्षेत्रों में अत्यधिक ध्वनि वाले उद्योगों को स्थापित करना चाहिये।
8. रेल इंजनों की सीटी की आवाज नियन्त्रित होनी चाहिये।
9. जेट इंजनों के ध्वनि को नियन्त्रित करने हेतु उनके टर्बोजेट इंजनों पर ध्वनि अवशोषक का प्रयोग किया जाने लगा है।

10. उद्योगों के अंदर ध्वनि निरोधक दीवारों (Sound Proof Walls) का निर्माण कराकर और उद्योगों का ढाँचा इस प्रकार बनाना चाहिये कि वहाँ ध्वनि गूँजे नहीं।

12. काफी ज्यादा ध्वनि वाले उद्योगों में काम करने वाले मजदूरों की कानों की सुरक्षा हेतु उपकरण प्रदान चाहियें जिनसे ध्वनि का प्रभाव सीधे कान के पर्दे पर न पहुँचे।

11. हवाई अड्डों की ध्वनि को नियन्त्रित करने हेतु वैज्ञानिक व तकनीकी प्रयास करने चाहिये।

अभी तक हमारे देश में ध्वनि नियन्त्रण के लिए किसी प्रकार के विशेष कानून नहीं अस्तित्व में लाए गए हैं और जो सीमित कानून हैं उनको भी सही प्रकार से लागू नहीं किया जा रहा है जिसके फलस्वरूप ध्वनि प्रदूषण बढ़ता जा रहा है। अतः इस दिशा में समुचित कदम उठाने की आवश्यकता है।

समुद्री प्रदूषण का पर्यावरण प्रदूषण में योगदान

पृथ्वी का तीन-चौथाई हिस्सा समुद्री जल से ढका हुआ है। समुद्रीय तटवर्ती हिस्सों में नगरीय एवं औद्योगिक अवशिष्ट तथा अपशिष्ट पदार्थों के निष्कासन से समुद्री जल प्रदूषित होता है। समुद्र तटीय जल में किसी एक तत्त्व के सान्द्रण में वृद्धि के कारण विकट पर्यावरणीय समस्याएँ उत्पन्न हो जाती हैं। एक अनुमान के अनुसार प्रतिवर्ष 6000 टन क्रोमियम, 8000 टन संखिया, 900 टन बेरियम, 17000 टन लोहा, 12000 टन सीसा, 17000 टन मैगनीज, 8000 टन एन्टीमनी, 70000 टन जिंक बिना किसी उपचार के समुद्र में डाल दिया जाता है।

समुद्री प्रदूषण के प्रमुख कारण निम्न प्रकार से हैं

(1) समुद्र में होने वाले परमाणु विस्फोटों से।

(2) समुद्र में तेल व पेट्रोलियम के मिश्रण से।

(3) विभिन्न समुद्री दुर्घटनाओं से।

(4) विभिन्न उद्योगों से निकलने वाला औद्योगिक अपशिष्ट बिना उपचार के समुद्र में फेंकने से।

(5) परमाणु भट्टी के अपशिष्टों के समुद्र में निस्तारण से।

(6) नगरीय अपशिष्ट का समुद्र में निस्तारण करने से।

समुद्री प्रदूषण के दुष्परिणाम निम्न प्रकार से हैं

1. नीचे तक समुद्र में सूर्य की किरणें नहीं पहुँच पातीं जिससे प्रकाश संश्लेषण की क्रिया में बाधा पहुँचती है।
2. रेडियोएक्टिव पदार्थ समुद्र में दूरगामी हानिकारक प्रभाव डालते हैं।
3. जल में नाइट्रेट्स व फास्फेट आदि के मिश्रित होने से अवांछित शैवालों की अनियन्त्रित वृद्धि हो जाती है।
4. समुद्री वनस्पति खत्म होने लगती है।
5. समुद्री जीवों पर दुष्प्रभाव पड़ता है और वे मरने लगते हैं।
6. सम्पूर्ण समुद्री पारिस्थितिकी तन्त्र गड़बड़ा जाता है।
7. तेल तथा अन्य अपशिष्टों के फैलने से पानी में ऑक्सीजन की कमी हो जाती है।

निम्न प्रकार के सुझावों द्वारा समुद्री प्रदूषण रोका जा सकता है

1. तेलीय प्रदूषण को विभिन्न तकनीकों से जल के ऊपर से हटाना चाहिये।
2. औद्योगिक अपशिष्टों को सीधे ही समुद्र में नहीं डालना चाहिये।
3. विभिन्न कानूनों के द्वारा समुद्र को प्रदूषित करने पर रोक लगाई जाये।
4. जहाजों से तेल परिवहन के समय भरपूर सावधानी बरती जाये।

नाभिकीय प्रदूषण का पर्यावरण प्रदूषण में योगदान

रेडियोधर्मी पदार्थ प्राकृतिक रूप से उपस्थित हैं। ये पदार्थ निरन्तर रेडियोधर्मी खंडन द्वारा अस्थाई आइसोटोप बनाते हैं जो अत्यन्त गतिशील एवं उच्च ऊर्जा विकिरण छोड़ते हैं। स्थाई समावयव बनने तक यह क्रिया चलती रहती है।

ये समावयव अल्फा, बीटा अथवा गामा विकिरणों के रूप में निरन्तर ऊर्जा विसर्जित करते हैं। अल्फा विकिरण धन (+) आवेशित विकिरण है और बीटा ऋण (–) आवेशित। इन विकिरणों की भेदन क्षमता अलग-अलग है। अल्फा कण कागज द्वारा रोक दिए जाते हैं, बीटा कण लकड़ी द्वारा रोक दिए जाते हैं जबकि गामा विकिरण कंक्रीट की दीवार, पारा अथवा पानी की मोटी चादर द्वारा रोके जा सकते हैं।

आज मनुष्य वैज्ञानिक प्रगति के माध्यम से परमाणु ऊर्जा के रूप में परमाणु शक्ति का प्रयोग कर रहा है जिसका आधार रेडियोधर्मी खनिजों के विखण्डन की प्रक्रिया है। परमाणु शक्ति के उपयोग में वृद्धि होने के कारण अपशिष्ट पदार्थों में भी वृद्धि हो रही है और ये अपशिष्ट अल्पतम मात्रा में भी अत्यधिक प्रदूषण के कारण बन जाते हैं।

निम्नलिखित बिन्दुओं के अंतर्गत नाभिकीय प्रदूषण के प्रमुख कारणों को स्पष्ट किया जा सकता है

(1) परमाणु भट्टी में रेडियोधर्मी छड़ों के विघटित होने से।

(2) नाभिकीय हथियारों के निर्माण तथा उपयोग के कारण।

(3) नाभिकीय अभिक्रिया में यूरेनियम, थोरियम आदि का प्रयोग किया जाता है। इनके खनन के समय प्रदूषण होता है।

(4) विभिन्न रेडियोधर्मी पदार्थों के उपचार हेतु प्रयोग के दौरान।

(5) समस्थानिकों के उत्पादन के समय अपशिष्ट पदार्थ के रूप में।

अतः नाभिकीय प्रदूषण के कारणों को दो हिस्सों में बाँटा जा सकता है

(क) प्राकृतिक कारण, एवं

(ख) मानवीय कारण।

पर्यावरण प्रदूषण में तापीय प्रदूषण का योगदान

वातावरण में जब कार्बन-डाईऑक्साइड की मात्रा बढ़ जाती है, तो वह तापीय प्रदूषण का रूप ले लेता है। तापीय प्रदूषण को दो भागों में बांटा जा सकता है (1) जल तापीय प्रदूषण, एवं (2) वायुमण्डल तापीय प्रदूषण।

(1) **जल तापीय प्रदूषण के कारण** जल के तापमान का जल में बाहरी तत्त्वों के प्रवेश के कारण बढ़ जाना जल तापीय प्रदूषण कहलाता है। उद्योगों से निकले जल को जल स्त्रोतों में डालने से, विभिन्न रिएक्टरों के अतितापन निवारण के लिए प्रयुक्त जल को स्रोतों में छोड़ने से उनके तापमान में वृद्धि हो जाती है। वर्तमान सामरिक दौर में हो रहे परमाणु परीक्षण से भी जल का तापमान बढ़ जाता है।

(2) **वायुमण्डलीय तापीय प्रदूषण के कारण** भिन्न-भिन्न प्रकार उद्योगों, वाहनों आदि से निकलने वाली कार्बन-डाइ-ऑक्साइड, नाइट्रस ऑक्साइड आदि गैंसे ग्रीन हाउस प्रभाव के कारण वायुमण्डल के तापमान में वृद्धि कर देती हैं।

तापीय प्रदूषण के दुष्परिणाम निन्न प्रकार से देखे जा सकते हैं

(i) जीवों की क्रिया बढ़ जाती है परन्तु जल में ऑक्सीजन की मात्रा कम ही रहती है।

(ii) अंडों और नवजातों को इससे नुकसान पहुँचता है।

(iii) मछलियों के उत्प्रद्रवास पर भी प्रभाव पड़ता है।

(vi) जल में विलयित ऑक्सीजन की मात्रा कम हो जाती है।

(v) तापमान ज्यादा होने से ऑक्सीजन निचले ठंडे पानी तक नहीं पहुँच पाती।

(vi) तापमान बढ़ने के साथ घातक रसायनों और कीटनाशकों की मारक क्षमता बढ़ जाती है।

(vii) तापमान बढ़ने के कारण संवेदनशील वनस्पति और जीवों का विस्थापन हो जाता है।

निम्न विधियों द्वारा तापीय प्रदूषण की रोकथाम की जा सकती है

1. **प्रशीतन टैंक** जलाशयों संघनक से प्राप्त होने वाले जल को में एकत्रित किया जा सकता है। यह जल वाष्पोत्सर्जन के पश्चात् ठंडा हो जाता है। इस जल का पुनःउपयोग किया जा सकता है अथवा जल स्रोत में प्रवाहित किया जा सकता है। ऐसा कर तापीय प्रदूषण को कम किया जा सकता है।

2. **छिड़काव टैंक** टैंक में गर्म जल को फव्वारों की मदद से छिड़का जाता है। वायु के सम्पर्क में आकर जल्दी ठंडी हो जाती हैं। इससे की तापीय प्रदूषण को कम किया जा सकता है।

3. **प्रशीतन मीनार** प्रशीतन मीनार दो प्रकार के होते हैं (अ) आर्द्र प्रशीतन मीनार व (ब) शुष्क प्रशीतन मीनार

   (अ) **आर्द्र प्रशीतन मीनार** इनमें ऊपरी सिरे से गर्म जल का छिड़काव किया जाता है। निचले सिरे से हवा की सप्लाई की जाती है। वायु के सम्पर्क में आने पर गर्म जल शीघ्र ठंडा हो जाता है। इस प्रक्रिया में वाष्पीकरण अधिक होता है और प्रशीतन मीनार के आसपास जलवाष्प की धुन्ध-सी बनी रहती है जो वनस्पति के लिए हानिकारक है।

   (ब) **शुष्क प्रशीतन मीनार** पाइपों के जाल से गर्म जल गुजरता है और इन पाइपों पर ठंडी हवा दी जाती है। इस पद्धति में जल

व्यर्थ होने से बच जाता है परन्तु इसके निर्माण में व्यय अधिक होता है।

नीचे दिए सुझावों का अनुपालन कर तापीय प्रदूषण को क्रम किया जा सकता है

(1) उद्योगों में अपशिष्ट जल को जल स्रोतों में मिलाने से पूर्व उसे विभिन्न तकनीकों द्वारा ठण्डा कर लेना चाहिये।

(2) कई सम्मेलनों, जैसे मॉंट्रियल घोषणा, लन्दन व बीजिंग सम्मेलनों में तापीय प्रदूषण को रोकने के उपायों को अपनाने पर जोर दिया गया।

(3) ज्यादा से ज्यादा वृक्षारोपण जिससे कार्बन-डाइ-ऑक्साइड प्रतिशत कम हो सके।

(4) जल व वायु तापीय प्रदूषण कम करने के लिए जन चेतना की आवश्यकता है।

प्रदूषण की रोकथाम

नागरिकों का प्रदूषण की रोकथाम में अत्यंत महत्वपूर्ण योगदान होता है। इनके योगदान का प्रभाव न केवल समुदाय, शहर, राज्य अथवा राष्ट्र के सामने आएगा; अपितु, अन्तर्राष्ट्रीय स्तर पर भी पहचाना जाएगा।

समस्त मानव सभ्यता, जो धरती पर निवास करती है, की जिम्मेदारी है कि वे अपने आवास, आसपास के जीव-जन्तु व वनस्पति की रक्षा करें। इस ओर उठाया गया एक कदम पर्यावरण संरक्षण की दृष्टि से सार्थक पहल होगी।

संक्षेप में यह क़दम अन्तर्राष्ट्रीय परिवर्तन के लिए जिम्मेदार होगा।

1. प्रदूषण मुक्त उत्पादन पर जोर दिया जाए।
2. सी.एफ.सी. के उत्पादन में कमी लाई जाए।

3. प्रदूषण नियन्त्रण की तुलना में, प्रदूषण में कमी लाने पर जोर हो।
4. रेफ्रीजरेटर और वातानुकूलित यन्त्र में सी.एफ.सी. का प्रयोग न हो।

प्रदूषण मुक्त उत्पादन हो चाहे आर्थिक दृष्टि से यह सौदा महंगा पड़े।

वायु प्रदूषण रोकथाम के लिए स्वच्छ ईंधन जैसे हाइड्रोजन को अपनाया जाए।

हाइड्रोजन उत्पादन के लिए सौर-ऊर्जा का प्रयोग हो।

प्रदूषण की रोकथाम हेतु विभिन्न उपाय किये जा सकते हैं जो निम्न हैं

1. ज्यादा से ज्यादा वृक्षारोपण हो।
2. घातक रसायनों, विलायकों, तेल आदि का नदियों में विसर्जन नही किया जाए।
3. रासायनिक उर्वरकों के स्थान पर जैविक खाद का प्रयोग हो।
4. जनसंख्या वृद्धि की दर पर रोक लगे।
5. साबुन और अपमार्जक आदि के निर्माण में फॉस्फेट का प्रयोग न्यूनतम हो।
6. विभिन्न क्रियाकलापों में जल का उपयोग न्यूनतम हो।
7. अपेक्षाकृत कम हानिकारक रसायनों का प्रयोग हो।
8. जीवाश्म ईंधन पर निर्भरता कम हो।
9. यातायात के लिए सामुदायिक साधनों का प्रयोग हो।
10. कृषि हेतु उचित मात्रा में रसायन और उर्वरकों का प्रयोग हो।
11. अपशिष्ट का पुनर्प्रयोग और पुनर्चक्रण हो।
12. गैर-परम्परागत ऊर्जा स्त्रोतों के उपयोग पर बल दिया जाए।
13. बिजली की बचत की जाए।

वायुमंडल पर पर्यावरण प्रदूषण का प्रभाव

पृथ्वी के पर्यावरण में जीनेवाले सभी जीवधारियों का लगभग 95 प्रतिशत हिस्सा कार्बन, ऑक्सीजन, नाइट्रोजन, हाइड्रोजन, फास्फोरस और गंधक मिलकर बनाते हैं। यह सब पर्यावरण के विभिन्न अवयवों द्वारा उनके चक्र पर निर्भर करता है। हाल के वर्षों में मानव की विनाशकारी गतिविधियों द्वारा यह चक्र बुरी तरह प्रभावित हुआ है। 1860 के बाद से अब तक वायुमंडल में लगभग 195 अरब टन कार्बन वायुमंडल में प्रतिवर्ष मिलता हैं। वैज्ञानिकों ने अनुमान लगाया है कि 1860 से 1980 के बीच केवल जंगलों को काटने और उनमें आग लगाने के कारण वायुमंडल में 100 अरब टन से ज्यादा कार्बन पहुंच चुका था। कार्बन-डाईऑक्साइड गैस पृथ्वी के तापक्रम को नियंत्रित करने में मुख्य भूमिका अदा करती है। यह सूर्य की गर्मी को पृथ्वी तक जाने तो देती है, पर पृथ्वी की गर्मी के एक बड़े भाग को रोक लेती है, इसलिए पृथ्वी का तापक्रम धीरे-धीरे बढ़ता जाता है। इस क्रिया को 'ग्रीन हाउस प्रभाव' यानी पादपग्रह प्रभाव कहा जाता है। ग्रीन हाउस प्रभाव और वायुमंडल की सरंचना बहुत पहले से ज्ञात है।

मानवीय क्रियाएं ग्रीन हाउस प्रभाव में अभूतपूर्व तेजी लायेंगी, यह करीब एक शताब्दी पहले अच्छी तरह ज्ञात हो चुका था। आज पूरा विश्व समुदाय इस प्रभाव से चिंतित है। चिंता का मुख्य कारण है ओजोन पर्त में छिद्र होने के कारण भूमि तक पराबैंगनी किरणों का पहुंचना और वायुमंडल के औसत तापक्रम में वृद्धि करना। ऐसा होने से पृथ्वी का जीवन प्रभावित होगा। इन सारे दुष्प्रभावों की शुरुआत का मूल कारण औद्योगिक क्रांति है। इस क्रांति में जीवन को सुगम तो अवश्य किया है, पर पर्यावरण का इस कदर दोहन किया कि अब पृथ्वी पर जीवन के अस्तित्व को गंभीर संकट पैदा हो गया है।

विश्व की अधिकांश ऊर्जा की मांग जीवाश्म ईंधनों यानी तेल, कोयला और प्राकृतिक गैस से पूरी होती है। ये आसानी से उपलब्ध होते हैं

और इनके उपयोग में भी आसानी रहती है। औद्योगिक स्रोतों से करीब 320 प्रदूषण बढ़ानेवाले तत्त्वों के उत्सर्जन का अब तक पता चल चुका है। इनमें कुछ प्रमुख तत्त्व हैं मिथीलीन क्लोराइड, कार्बन टेट्राक्लोराइड, बेंजीन, फार्मल्डिहाइड, ब्यूटाडीन और न्यूरोटौक्सीन। रसायन उद्योगों से भारी मात्रा में जहरीली गैसें उत्सर्जित होती है। ग्रीन हाउस प्रभाव में कार्बन-डाईऑक्साइड, मीथेन, नाइट्रोजन के ऑक्साइड और सी. एफ. सी. समूह के रसायनों की महत्वपूर्ण भूमिका हैं।

नाइट्रोजन के ऑक्साइड की मात्रा बढ़ाने में नाइट्रोजन-युक्त उर्बरक के बढ़ते उपयोग और जीवाश्म ईंधनों की मुख्य भूमिका है, का उपयोग ऐरोसोल्स फोम प्लास्टिक, रेफ्रीजरेटर और एयरकंडीशनर में मुख्य रूप से किया जाता है। वायुमंडल में नाइट्रोजन और ऑक्सीजन की सम्मिलित मात्रा 99 प्रतिशत से अधिक होती है। पर अल्प मात्रा में उपस्थित कार्बन-डाईऑक्साइड और अन्य गैसें ही मुख्य रूप से वायुमंडल का तापमान निर्धारित करती हैं। मंगल ग्रह के वायुमंडल मे कार्बन-डाईऑक्साइड अल्प मात्रा में है, अतः इसका तापमान 30 डिग्री सेल्सियस है, जबकि शुक्र पर इस गैस की मात्रा अधिक होने के कारण तापमान 450 डिग्री से अधिक है।

पुराने आंकड़ों से स्पष्ट है कि 1860 से 1885 के बीच पृथ्वी के औसत तापमान में 0.5 सेल्सियस की वृद्धि हुई है। यदि कार्बन-डाईऑक्साइड की मात्रा दोगुनी होती है तो पृथ्वी के तापमान में 3 से 5 डिग्री सेल्सियस की वृद्धि हो जाएगी। वायुमंडल का तापमान बढ़ने से गर्मी के दिनों में वातावरण के तापमान में बढ़ोतरी होगी और वर्षा में कमी आयेगी, जिससे कृषि प्रभावित होगी। इसके साथ ही समुद्र का औसत तापक्रम बढ़ेगा तो समुद्री तूफानों की विभीषिका भी बढ़ जाएगी।

कुछ वैज्ञानिकों के अनुसार मई, 1990 में आंध्र प्रदेश के सागर तट पर आये समुद्री तूफान का कारण पृथ्वी के तापमान का बढ़ना ही था। तापमान बढ़ने से हिमखंड और हिमनद तेजी से पिघलेंगे और कई समुद्र-तटीय क्षेत्र

जलमग्न हो जाएंगे। बादलों की खूबसूरती के पीछे प्रकृति की एक निहायत ही जटिल प्रक्रिया है। ये पृथ्वी पर ठंडा और गर्म दोनों तरह के प्रभाव डालते हैं। परंतु प्राकृतिक अवस्था में इनमें संतुलन बना रहता है। पृथ्वी का औसत तापमान बढ़ने से यह संतुलन निश्चित तौर पर प्रभावित होगा और इसके क्या परिणाम होंगे, यह तो भविष्य ही बतायेगा? परंतु इतना अवश्य कहा जा सकता है कि यह पृथ्वी के पर्यावरण और जीवन के लिए बहुत हानिकारक होगा।

7

वायु प्रदूषण : कारक तथा तत्व

जीवमण्डल का आधार प्रकृति की अनुपम देन वायु है, जिस पर हमारा जीवन निर्भर है।

हम पौधों से ऑक्सीजन ग्रहण करते हैं तथा हमारे द्वारा छोड़े गए कार्बन-डाईऑक्साइड पौधों के जीवन हेतु अनिवार्य होता है। इस तरह सन्तुलित चक्र बना रहता है पर यह सन्तुलन उस समय गड़बड़ा जाता है जब उद्योगों, वाहनों या अन्य घरेलू उपयोगों से निकलता धुआँ, धूल के कण वायु में प्रवेश कर जाते हैं। इसे ही वायु प्रदूषण या वायुमण्डलीय प्रदूषण कहते हैं।

विश्व स्वास्थ्य संगठन के अनुसार, ‘‘वायु प्रदूषण एक ऐसी स्थिति है जहाँ बाहरी परिवेशी वायुमण्डल में दूषित पदार्थों की सान्द्रता मनुष्य तथा पर्यावरण को हानि पहुँचाने तक बढ़ जाती है। वास्तव में वायु प्रदूषण वायु के भौतिक व रासायनिक स्वरूप में ऐसे परिवर्तन से होता है जो न केवल मनुष्य अपितु प्राकृतिक एवं सांस्कृतिक संपदा को भी हानि पहुँचाता है।”

श्मैक्सवेल के अनुसार, ‘‘हमारे द्वारा वायुमण्डल का अत्यधिक दुरुपयोग स्वास्थ्य के लिए खतरा एवं जीवन के लिए संकट बन गया है, जिसके फलस्वरूप पौधे एवं अन्य जीवों का विषैली धूप, धूल व धुएँ से प्रदूषित क्षेत्र में विनाश हो रहा है।”

पार्किन्स हैनरी वायु प्रदूषण को पारिभाषित करते हुए लिखते हैं कि ''जब वायुमण्डल में बाह्य स्रोतों से विविध प्रदूषक, यथा धूल, गैस, दुर्गन्ध, धुन्ध, धुआँ और वाष्प आदि इतनी अधिक मात्रा में उपस्थित हो जाएँ कि उससे वायु के नैसर्गिक गुण में अन्तर आ जाए तथा उससे मानव स्वास्थ्य, सुखी जीवन और सम्पत्ति का नुकसान होने लगे और जीवन की गुणवत्ता में गिरावट आ जाए जो उसे वायु प्रदूषण कहते हैं।''

वायु में वर्तमान अवांछनीय तत्त्व जीवों को हानि पहुँचाते हैं। वायुमण्डल में विद्यमान सभी प्रकार के अवांछनीय अवयवों की वह मात्रा जिसके कारण जीवधारियों को हानि पहुँचती है, वायु प्रदूषण कहलाता है।

प्रमुख वायु प्रदूषक

वायु प्रदूषक के विभिन्न प्रकार

वायु प्रदूषकों को प्रकृति के आधार निम्नलिखित वर्गों में विभाजित किया गया है

(अ) **गैसीय वायु प्रदूषक** इसके अंतर्गत कार्बन-डाईऑक्साइड, कार्बन-मोनोऑक्साइड, क्लोरोफ्लोरो कार्बन, हाइड्रोकार्बन, सल्फर-डाईऑक्साइडड, सल्फ्यूरिक एसिड, हाड्रोजन सल्फाइड, नाइट्रोजन ऑक्साइड, नाइड्रोजन-डाईऑक्साइड, एल्डीहाइड, क्लोरीन इत्यादि आते हैं।

(ब) **ठोस तथा द्रव वायु प्रदूषक** विविध प्रकार के ठोस एवं द्रवीय पदार्थ भी वायु प्रदूषक होते हैं।

वायु प्रदूषण के विविध कारक

वायु प्रदूषण विविध कारकों के कारण होता है। ये कारक मानवीय व प्राकृतिक दोनों प्रकार के हो सकते हैं।

प्राकृतिक कारक

वायु प्रदूषण के लिए निम्नलिखित प्राकृतिक क्रियाएँ भी जिम्मेवार होती हैं

(1) **दलदली प्रदेश में पदार्थों के सड़ने से** इससे मिथेन गैस बनती है जो प्रदूषण उत्पन्न करती है।

(2) **पौधों से प्रदूषण** प्रदूषण के कारण कुछ पौधों से उत्पन्न हाइड्रोजन के यौगिक तथा परागकण भी हैं।

(3) **ज्वालामुखी विस्फोट** ज्वालामुखी के फटते समय विशाल मात्रा में धुआँ, राख, चट्टानों के टुकड़े एवं विविध प्रकार की गैसें वायुमण्डल में मिलकर वायु प्रदूषण को बढ़ाती हैं।

(4) **जंगल की आग** बड़े पैमाने पर वनों में लगने वाली आग भी वायु प्रदूषण का कारण होती है, कारणकि इससे धुआँ एवं राख के कण फैल जाते हैं किन्तु प्राकृतिक स्रोतों से होने वाला वायु प्रदूषण सीमित व कम हानिकारक होता है, कारणकि प्रकृति स्वयं विविध क्रियाओं से इसमें सन्तुलन बनाये रखती है।

मानवीय कारक

अपनी विविध क्रियाओं से मनुष्य ने वायुमण्डल को काफी अधिक प्रदूषित करता जा रहा है। वायु प्रदूषण के विभिन्न मानवीय स्रोतों को निम्न प्रकार से वर्गीकृत किया जा सकता है

(1) **रेडियोधर्मिता द्वारा प्रदूषण** आज के समय में प्रत्येक देश अपनी शक्ति का प्रदर्शन करने के लिए परमाणु शक्ति का प्रयोग कर रहा है। विश्व के सभी देशों में ऊर्जा हेतु परमाणु संयन्त्र लगे होते हैं जिनकी सुरक्षा हेतु पर्याप्त प्रबन्ध किए जाते हैं, लेकिन फिर भी तकनीकी व मानवीय कारणों से यदा-कदा परमाणु ईंधन या रेडियोधर्मी पदार्थ बाहर निकल जाते हैं जो कि मौत का कारण बन रहे हैं।

(2) **कृषि कार्यों से प्रदूषण** आजकल कृषि कार्यों में कीटनाशक दवाओं का प्रयोग काफी ज्यादा किया जाने लगा है। कीटनाशकों का छिड़काव हेलीकॉप्टर या छोटे विमानों द्वारा भी किया जाता है, जिससे ये रसायन वायु में घुल-मिल जाते हैं, जो वायु के द्वारा हमारे भीतर पहुँच जाते हैं और शरीर पर प्रतिकूल प्रभाव डालते हैं।

(3) **विलायकों के प्रयोग से प्रदूषण** विभिन्न प्रकार के पेन्ट, स्प्रे तथा पॉलिश आदि करने हेतु जिन विलायकों का प्रयोग किया जाता है वे वायु में मिलकर उसे प्रदूषित करते हैं।

(4) **दहन क्रियाओं द्वारा** अपने अनेकों प्रकार की जरूरतों की पूर्ति हेतु मनुष्य अपनी ऊर्जा को प्रयोग में लाता है। विभिन्न कार्यों में ऊर्जा के दहन से विविध प्रकार की गैसें तथा सूक्ष्म कण बनते हैं जो वायु को प्रदूषित करते हैं। विविध प्रकार के वायु प्रदूषण निम्नलिखित है

(i) **वाहनों का दहन** आज के युग में परिवहन के क्षेत्र में ज्यादा प्रगति होने से भी वायु प्रदूषण दिनों-दिन बढ़ता जा रहा है। समस्त ऊर्जा चालित वाहनों में आन्तरिक दहन से शक्ति प्राप्त होती है और साथ में धुआँ निकलता है जो विषैली गैसों व हानिकारक प्रदूषक तत्त्वों से युक्त होता है। इनमें हाइड्रोजन, कार्बन, नाइट्रोजन और सल्फर के विभिन्न ऑक्साइड मिले रहते हैं, जो वायुमण्डल में प्रवेश कर जाते हैं। इनसे निकलने वाले धुएँ में कार्बन-मोनोऑक्साइड और सीसे के कण भी होते हैं जो वायु प्रदूषण में वृद्धि करते हैं। पेट्रोल व डीजल से निकले नाइट्रोजन के ऑक्साइड से स्मॉग का जन्म होता है जो सूर्य के प्रकाश में हाइड्रोकार्बन से क्रिया कर घातक प्रकाश रासायनिक धूम स्मॉग को जन्म देता है।

(ii) **ताप विद्युत ऊर्जा से प्रदूषण** जब कोयले को ताप ऊर्जा प्राप्त करने के लिए जलाया जाता है तो उस समय वायु प्रदूषण का खतरा बढ़ जाता है, क्योंकि सल्फर-डाईऑक्साइड, कार्बन-डाईऑक्साइड, कोयले की राख, कार्बन के सूक्ष्म कण जैसे प्रदूषक वायु में फैल जाते हैं। राजस्थान के कोटा नगर में पिछले वर्षों में स्थापित ताप विद्युत केन्द्र से नगर का पर्यावरण अत्यधिक प्रदूषित हो रहा है।

(iii) **घरों में आग लगने से प्रदूषण** प्रायः नियमित घरेलू कार्य, जैसे भोजन बनाने, पानी गर्म करने, ईंधन, लकड़ी, कोयला, गोबर के कण्डे आदि जलाने में मिट्टी का तेल एवं गैस आदि का प्रयोग होता है। इनके प्रयोग से कार्बन-डाईऑक्साइड व कार्बन-मोनोऑक्साइड, सल्फर-डाईऑक्साइड आदि गैसें उत्सर्जित होती हैं जो वायु को प्रदूषित करती हैं। दहन क्रिया में ऑक्सीजन का उपयोग होता है, अतः वायु में ऑक्सीजन की कमी आ जाती है। अपूर्ण दहन के कारण हाइड्रोकार्बन व साइक्लिक पाइरिन यौगिक भी उत्पन्न होते हैं जो प्रदूषण को जन्म देते हैं।

(iv) **अन्य दहन क्रियाएँ** अवशिष्ट तथा कचरे को जलाये जाने, आतिशबाजी एवं आग्नेय अस्त्रों के परीक्षण आदि से भी वायु प्रदूषण में वृद्धि होती है।

(5) **उधोगों द्वारा वायु प्रदूषण** वायु प्रदूषण का एक अन्य प्रमुख कारण अढ़ते उद्योग हैं। उद्योगों से निकलने वाला धुआँ प्रदूषण को तो जन्म देता ही है साथ ही जरा-सी लापरवाही कई लोगों की मृत्यु का कारण बनती है। 2 व 3 दिसम्बर, 1984 को भोपाल में गैस रिसाव हुआ था, जिसमें अमेरिका की यूनियन कार्बाइड कम्पनी के भोपाल स्थित कीटनाशक बनाने की कारखानों में मिथाइल आइसोसायनाइड गैस का रिसाव होने से 3000 लोगों की मृत्यु हो

गई थी। लॉस एन्जिल्स शहर पर उद्योगों के ही कारण हमेशा धुएँ का बादल छाया रहता है। जापान में जब वायु प्रदूषण अधिक होता है तो बच्चों को स्कूल जाते समय मुँह पर जाली पहना दी जाती है।

चेरेनोबिल परमाणु संयन्त्र के रिसाव के कारण हजारों व्यक्ति मौत के मुँह में चले गए थे। हिरोशिमा तथा नागासाकी पर गिराये गए बमों से वहाँ के पर्यावरण पर इतना अधिक प्रभाव पड़ा कि वर्तमान पीढ़ी भी उससे मुक्त नहीं हो पाई है।

वायु प्रदूषण के विभिन्न तत्व

वायु प्रदूषण के प्रमुख कारक निम्नवत् हैं

कार्बन-मोनोऑक्साइड औद्योगिक तथा नगरीय क्षेत्रों में कार्बन-मोनोऑक्साइड वायु प्रदूषण का प्रमुख स्रोत है। वायुमण्डल के प्रदूषकों में इसका 50% का योगदान होता है। प्रति मी^{3} वायु में इसका वजन 10 मिलीग्राम अधिकतम 8 घंटे तक है। कोलकाता महानगर प्रतिदिन 450 टन कार्बन-मोनोऑक्साइड वायुमण्डल में छोड़ता है। सोवियत रूस, संयुक्त राज्य अमेरिका, जर्मनी, फ्रांस, ब्रिटेन, कनाडा एवं जापान इत्यादि देश इसके प्रमुख उत्पादक देश हैं। यही कारण है कि यहाँ का वायु सबसे अधिक प्रदूषित है।

यह गैस ऑक्सीजन के साथ मिश्रित होने पर CO_2 में बदल जाती है एवं जल वाष्प से मिश्रित होकर सूर्य तथा पृथ्वी से होने वाले विकिरण को आत्मसात् करती है और हरित गृह प्रभाव पैदा कर पृथ्वी की धरातल पर तापमान को बनाये रखती है। यह गैस खनिज कोयला, तेल, पीट एवं लकड़ी के दहन पेट्रोल तथा डीजल से चलने वाले स्वचालित वाहनों, खनिज तेल शोधन शालाओं, लोहे व इस्पात कारखानों, धातु पिघलाने वाली भट्टियों इत्यादि से पैदा होता है। इससे शरीर में ऑक्सीजन की कमी होती है तथा सिरदर्द, हृदय की धड़कन व श्वास लेने में कठिनाई होती है। बन्द कमरे में

इस गैस के कारण दम घुटने लगता है और आदमी बेहोश होकर मर जाते हैं।

क्लोरोफ्लोरो कार्बन यह गैस क्लोरीन, फ्लोरीन तथा कार्बन का यौगिक होती है। इस गैस की उत्पत्ति शीत ताप नियंत्रकों, रेफ्रीजरेटर, फोम, प्लास्टिक, प्रसाधन सामग्रियों इत्यादि से होती है। इसके द्वारा वायुमण्डल में ज्यादा उर्त्सजन से वायु प्रदूषण बढ़ता जाता है। वायुमण्डल में इससे ज्यादा सान्द्रण होने के कारण ओजोन गैस में कमी आने लगती है तथा ओजोन परत पतली होने लगती है। इसके कारण सौर्यिक पराबैगनी किरणें धरातल पर ज्यादा मात्रा में पहुँचने लगती हैं और तापमान में वृद्धि होने के कारण अनेक जलवायु परिवर्तन तथा गोरी चमड़ी वाले लोगों में चर्म कैंसर होने का खतरा उत्पन्न हो जाता है।

हाइड्रोकार्बन यह गैस अधजले कोयले तथा पेट्रोलियम प्रक्रिया से उत्पन्न होती है। ताप विद्युत गृहों में ज्यादा कोयला जलाये जाने के कारण वहाँ इसका सबसे ज्यादा जनन होता है। कभी-कभी खुले मल वाहित नालियों से भी यह गैस उत्पन्न होती है। वायु में गैस के ज्यादा सान्द्रण होने पर चिड़चिड़ापन, मूर्छा, आँखों में जलन इत्यादि परेशानियाँ पैदा होती हैं। यह अन्य गैसों की तुलना में कम हानिकारक होती है। मानव शरीर में इसके सांद्रण से मसूड़ों में सूजन, रक्त स्त्राव, फेफड़े का कैन्सर, श्वास रोग, फेफडे में धूल व काजल का जमाव इत्यादि होते हैं। नाइट्रिक ऑक्साइड व नाइट्रोजन-डाईऑक्साइड के रूप में होने पर इससे रंग में कमी, स्वास्थ्य में गिरावट और धातुओं में कभी-कभी क्षरण होने लगता है। ज्यादा ऊँचाई पर उड़ान भरने वाले सुपरसोनिक जेट विमानों से उत्पन्न नाइट्रोजन ऑक्साइड से ओजोन गैस में कमी आने लगी है। ओजोन की कमी के कारण गोरी चमड़ी वाले लोगों में चर्म कैंसर होने लगेगा।

नाइट्रोजन ऑक्साइड नाइट्रोजन के विभिन्न ऑक्साइड्स होते हैं जिनमें नाइट्रोजन ऑक्साइड तथा नाइट्रिक ऑक्साइड मुख्य हैं। नाइट्रोजन

ऑक्साइड, पेट्रोल व डीजल चालित वाहनों, गृहों, कारखानों तथा वायुयानों इत्यादि से उत्पन्न होती है।

हाइड्रोजन सल्फाइड रासायनिक उद्योगों, जैव ईंधनों, तेल शोधनशालाओं तथा मल वाहित नालियों इत्यादि से हाइड्रोजन सल्फाइड की उत्पत्ति होती है, इससे आँख के रोग होते हैं।

क्लोरीन इसका वायुमण्डल में उत्सर्जन कपड़े व आटे की ब्लीचिंग क्रिया एवं रासायनिक क्रियाओं से होता है। इससे श्वसन तंत्र पर दुष्प्रभाव पड़ता है तथा इससे आँख के रोग होते हैं।

पारा इसका उर्त्सजन ोयला तथा पेट्रोल दहनभट्ठियों से होता है। इससे शरीर में विकृत एवं अपंगता उत्पन्न होती है।

सीसा पेट्रोल तथा डीजल चालित वाहनों से सीसा प्रदूषण होता है। इससे शरीर की वृद्धि रुक जाती है, रक्तचाप बढ़ जाता है एवं मस्तिष्क को हानि पहुँचती है।

मीथेन गैस जैविक प्रक्रियाओं से यह उत्पन्न होता है। जैसे भेड़, बकरियों, व गायों के यान्त्रिक खमीर, जैव ईंधनों के जलाने आदि से होती है। इससे हरित गृह प्रभाव में वृद्धि होती है।

ओजोन ओजोन एक प्रकार की गहरी नीली गैस है जो ऑक्सीजन के तीन परमाणुओं से संयुक्त होने पर प्राप्त होती है। इसकी उत्पत्ति प्रकाश में नाइट्रोजन ऑक्साइड एवं हाइड्रोकार्बन की प्रतिक्रिया द्वारा होती है। यह आँखों के लिए काफी नुकसानदायी होती है तथा दमा रोग को बढ़ाती है। इससे गोरी चमड़ी वाले लोगों में चर्म कैंसर होने लगता है।

वायु प्रदूषण भारतीय परिदृश्य में

विकसित देशों की तुलना में भारत में वायु प्रदूषण कम मात्रा में पाया जाता है, परन्तु भारत में औद्योगिक वृद्धि, नगरीकरण में वृद्धि, स्वचालित वाहनों की संख्या व ताप विद्युत गृहों की संख्या में बढ़ोत्तरी आदि के कारण

वायु प्रदूषण की समस्या अब बढ़ती जा रही है। पहले भारत के बड़े-बड़े महानगर इस समस्या से ग्रस्त थे, लेकिन अब महानगरों के साथ-साथ छोटे-छोटे नगर व गाँव भी इस समस्या से प्रभावित होने लगे हैं। भारतीय मानक के अनुसार सल्फर डाईऑक्साइड का सहनीय स्तर 60 माइक्रोग्राम प्रति घन मीटर निश्चित किया गया है। इसका स्तर सन् 1970 तक भारत के सभी महानगरों में इस मानक से अल्प था परंतु सल्फर-डाईऑक्साइड का यह स्तर 1976 में कोलकाता में 85 प्रति घन मीटर माइक्रोग्राम, मुम्बई में 83 प्रति घन मीटर माइक्रोग्राम, अहमदाबाद में 71 प्रति घन मीटर माइक्रोग्राम था। अतएव भारत में निलम्बित कणिकीय पदार्थों का सहनीय स्तर 150 प्रति घन मीटर माइक्रोग्राम तय किया गया है।

1970 तक भारत के अधिकतर महानगर इस स्तर को पार कर गए थे। इन तथ्यों से स्पष्ट है कि भारत के महानगरों में वायु प्रदूषण लगातार बढ़ता जा रहा है। नेशनल एनवायरनमेन्टल इन्जीनियरिंग रिसर्च इन्स्टीट्यूट (N.E.E.R.I.) नागपुर के भूतपूर्व प्रो. डा. दवे के अनुसार भारत के 9 बड़े महानगर वायु प्रदूषण के सम्पृक्तता स्तर को पार कर चुके हैं। भारत के प्रमुख महानगरों में वायु प्रदूषण का संक्षिप्त विवरण निम्नलिखित है

वायु प्रदूषण की कोलकाता में स्थिति भारत में सबसे ज्यादा वायु प्रदूषण कोलकाता महानगर में पाया जाता है। **सेन्ट्रल पब्लिक हेल्थ इन्जीनियरिंग इन्स्टीट्यूट** द्वारा किए गए एक सर्वेक्षण के अनुसार कल का 'सिटी आफ ओमेन्स' कोलकाता महानगर आज 'स्मॉग सिटी आफ इण्डिया' बन चुका है। यहाँ औद्योगिक इकाइयों, विद्युत तापगृहों, स्वचालित वाहनों तथा रसोई गृहों इत्यादि से 1981 में प्रतिदिन 1305 टन वायु प्रदूषक वायुमण्डल में पहुँचते थे, इनमें से प्रतिदिन 360 टन वायु प्रदूषक स्वचालित वाहनों तथा 600 टन औद्योगिक इकाइयों से निकलते हैं। यहाँ के वायुमण्डल में निलम्बित कणिकीय पदार्थों, सल्फर-डाईऑक्साइड, कार्बन मोनोऑक्साइड, नाइट्रोजन ऑक्साइड, हाइड्रोकार्बन आदि काफी मात्रा में पहुँच कर वायु

प्रदूषण पैदा कर रहे हैं। न्यूयार्क में 27 ppm मोनोऑक्साइड से ज्यादा 35 ppm कोलकाता में पाया जाता है जो बहुत ज्यादा है।

वायु प्रदूषण की मुम्बई में स्थिति मुम्बई भारत का द्वितीय बड़ा वायु प्रदूषित महानगर है। यहाँ 1970 में निलम्बित कणिकीय पदार्थ 241 माइक्रोग्राम प्रति घन मीटर से बढ़कर 1979 में 275 माइक्रोग्राम प्रति घन मीटर हो गया जो स्वीकृत मानक 150 माइक्रोग्राम प्रति घन मीटर से काफी ज्यादा है। अतः सल्फर-डाईऑक्साइड की मात्रा 1979 में 83 माइक्रोग्राम प्रति घन मीटर थी जो स्वीकृत मानक 60 माइक्रोग्राम प्रति घन मीटर से अधिक है। यहाँ का ट्राम्बे-चेम्बुर क्षेत्र तथा लालबाग-पोली क्षेत्र सर्वाधिक वायु प्रदूषण वाले क्षेत्र हैं। प्रतिदिन चेम्बूर क्षेत्र निवासी 160 टन सल्फर-डाईऑक्साइड सूंघते हैं। प्रत्येक 24 घंटे में सम्पूर्ण मुम्बई में 300 टन सल्फर-डाईऑक्साइड का वायुमण्डल में उत्सर्जन होता है। इस महानगर में औद्योगिक प्रतिष्ठानों, अणुसंयंत्रों, ताप विद्युतगृहों, स्वचालित वाहनों आदि से निःसृत वायु प्रदूषकों के कारण वायु प्रदूषण बढ़ता जा रहा है।

वायु प्रदूषण की कानपुर में स्थिति निलम्बित कणिकीय पदार्थों एवं सल्फर-डाईऑक्साइड का सान्द्रण कानपुर में वायु में अधिक पाया जाता है। यहाँ पर उद्योग व स्वचालित वाहन वायु प्रदूषण के महत्त्वपूर्ण स्रोत हैं। यहाँ फजलगंज, चमनगंज तथा कलेक्टरगंज इत्यादि में धूल बहुतायत मात्रा में पायी जाती है।

वायु प्रदूषण की दिल्ली में स्थिति दिल्ली में वायु प्रदूषण निरंतर बढ़ता जा रहा है। यहाँ स्वचालित वाहनों से निःसृत कार्बन-मोनोऑक्साइड, हाइड्रोकार्बन, सल्फर-डाईऑक्साइड एवं कणिकीय पदार्थों इत्यादि के प्रचुर मात्रा में उत्सर्जन से वायु प्रदूषण बढ़ता जा रहा है। यहाँ पर वायु प्रदूषण का 60% अकेले स्वचालित वाहनों द्वारा किया जा रहा है इसके अलावा इन्द्रप्रस्थ तथा बदरपुर स्थित ताप विद्युत गृहों से उत्पन्न धूल व राख तथा शाहदरा, वजीरपुर, नोयडा, लारेंस रोड इत्यादि में औद्योगिक प्रतिष्ठानों से

निःसृत सल्फर-डाईऑक्साइड, धूल व अन्य कणीय पदार्थों के उत्सर्जन से वायु प्रदूषण बढ़ रहा है। घरेलू ईंधन से भी यहाँ वायु प्रदूषण बढ़ रहा है। यहाँ के घने क्षेत्रों में कणिकीय पदार्थों का सांद्रण 945 माइक्रोग्राम प्रति घन मीटर तक वायु में हो गया है।

चेन्नई में वायु प्रदूषण की स्थिति अन्य महानगरों की तुलना में चेन्नई में वायु प्रदूषण कम है। यहाँ के वायुमण्डल में सल्फर-डाईऑक्साइड का सान्द्रण अधिक है। यहाँ तेल शोधक कारखाना, मद्रास उर्वरक कारखाना, मद्रास रासायनिक उद्योग तथा तापविद्युत गृहों इत्यादि से वायु प्रदूषण बढ़ रहा है।

8

रसायनों से पर्यावरण पर पड़नेवाले प्रभाव

छाले और क्षत उत्पन्न करने वाले रसायन

डाइक्लोरोइथाइल सल्फाइड, मिथाइल डाइक्लोरोआर्सनिक, डाई ब्रोमोइथाइल सल्फाइड आदि रसायन शरीर के आंतरिक अथवा बाह्य भागों पर छू जाने पर फफोले उत्पन्न करते हैं। डाइक्लोरोइथाइल सल्फाइड को जी मस्टर्ड गैस कहते हैं। यह गैस कपड़ों, रबड़ और चमड़े के जूतों में भी प्रवेश कर जाती है। इससे दूषित वायु श्वास के लिए भी घातक होती है। अनुमान लगाया जाता है कि प्रथम महायुद्ध में दोनों पक्षों द्वारा बारह हजार टन अस्टर्ड गैस छोड़ी गई।

श्वसन बाधक रसायन

श्वसन मार्ग में इस प्रकार के रसायन उत्तेजना पैदा करके छींक उत्पन्न करते हैं। ज्यादा दूषित वातावरण में सांस लेने से जी मिचलने लगता है। ये पदार्थ ठोस अवस्था में होते हैं और काफी उच्च ताप पर द्रवित होते हैं। इन्हें चूर्ण के रूप में गोलों की सहायता से वायुमंडल में फैलाया जाता है। इथाइल कार्बेजोल, डाइफिनाइल साइनोसाईन इत्यादि श्वसन क्षोभक रसायन हैं।

अश्रु उत्पादक रसायन

कुछ ऐसे रसायन होते हैं जिनके आँख में पड़ जाने से आँख से आँसू निकलने लगता है। साधारण अश्रु उत्पादक पदार्थों में जिन प्रमुख रसायनों के नाम आते हैं, वे हैं एथिल ब्रोमोऐसीटेट, जाइलाइल ब्रोमाइड, बेंजाइल आयोडाइड, क्लोरोऐसीटोफिनोन आदि।

इन रसायनों का प्रयोग अमेरिका, ब्रिटेन, जर्मनी तथा फ्रांस ने प्रथम विश्वयुद्ध में किया था। इन गैसों का वाष्प दाब कम होता है, किन्तु ये गैसीय अवस्था में काफी लंबे समय तक बनी रह सकती हैं। आजकल इन रसायनों का प्रयोग भीड़ को तितर-बितर करने या उसे नियंत्रित करने के लिए किया जाता है।

फासजीन, क्लोरीन, मिथाइल सल्फ्यूराइल, डाइब्रामो डाइमिथाइल ईथर कुछ ऐसे रसायन हैं जो फेफड़े के लिए हानिकारक होते हैं। अप्रैल, 1915 क्लोरीन गैस का प्रयोग में जर्मन सैनिकों ने किया था। वायु में इसकी 2.53 मि.ग्रा/ प्रतिलीटर मात्रा उपलब्ध होने पर औसतन आधे घंटे तक श्वास लेते रहने से मृत्यु हो जाती है।

शाकनाशी द्वारा वायु प्रदूषण

अमेरिकी फौजों द्वारा वियतनाम युद्ध में फसलोत्पादन बढ़ाने के लिए प्रयोग किये जाने वाले शाकनाशियों का प्रयोग किया गया था, ताकि वियतनामी छापामार छिप न सकें। परिणामतः खड़ी फसलें बर्बाद हो गईं, पौधे सूख गए, पेड़ों की पत्तियाँ गिर गईं और वायुमंडल दूषित हो गया। इस प्रदूषण से प्रायः 2,85,000 लोग प्रभावित हुए। शाकनाशियों के छिड़काव से करीब 9,05,000 हेक्टेयर क्षेत्र की चावल आदि की फसलें और बगीचे उजड़ गए। शाकनाशियों के रूप में प्रयुक्त रसायनों में 2,4 डी और 2,4,5 टी (नारंगी रसायन) मुख्य हैं, जिनके ब्यूटाइल एस्टरों को समान अनुपात में मिलाते हैं जो पौधों की पत्तियों को गिरा सकते हैं।

वियतनाम युद्ध में इसका बहुत अधिक (कुल छिड़के रसायनों का 58%) प्रयोग किया गया।

इसी प्रकार का एक दूसरा रसायन सफेद रसायन था जो 2,4-डी, ट्राइऑइसो प्रोपेनोल ऐमीन लवण और पिक्लोरम को क्रमशः चार और एक के अनुपात में मिलाकर प्रयोग किया जाता है। ये रसायन वाष्पशील होते हैं, अतः हवा में इनका प्रभाव काफी दूर-दूर तक फैल जाता है। इन शाकनाशियों द्वारा कैसावा चावल, मक्का, नारियल तथा केले की फसलें शीघ्र नष्ट हो जाती हैं।

नर्व गैसों द्वारा वायु प्रदूषण

नर्व गैसों की खोज डॉ. श्रेडर द्वारा जर्मनी की रसायन उद्योगशाला में 1935 में की गई थी। इस गैस का नाम श्रेडर ने टेबुन रखा था। इस गैस का युद्ध में खुलकर प्रयोग हुआ है। इसके अलावा इन्होंने सेरिन और सोमन दो अन्य रसायनों की खोज की जो अत्यंत घातक थे। बाद में ये तीनों ही नर्व गैसें कहलाईं।

सेरिन फासजीन की अपेक्षा तीस गुनी विषैली है। इसका प्रभाव तंत्रिकातंत्र के एंजाइम पर पड़ता है। यह शरीर में उपस्थित कोलीनएस्टरेज के कार्यों को रोक देती है। इससे शरीर की सारी पेशियाँ कोलीनएस्टरेज के कार्यों को रोक देती है। इससे शरीर की सारी पेशियाँ अनियंत्रित हो जाती है। श्वास लेने में कठिनाई होती है जो मृत्यु का कारण बन सकती है। सेनिन नर्व गैस की औसत घातक मात्रा साधारण दर्जे के परिश्रम करने वाले व्यक्ति के लिए 70 मि.ग्रा./घन मीटर है। विभिन्न प्रकार की बीमारियाँ फैलाने में सहायक अस्त्रों का भी प्रयोग किया जाता रहा है। इस प्रकार के युद्ध को कीटाणु युद्ध कहते हैं। कहा जाता है कि जापानियों ने द्वितीय विश्वयुद्ध में वायुयानों की नीची उड़ान में गिराए जाने वाले विशेष प्रकार से फटने वाले बम बनाए थे जिनसे हैजे आदि के कीटाणु पानी में मिलाए गए। कीटाणु

युद्ध महामारी फैलाने की एक तकनीक है। इसका उद्देश्य सेना का हौसला कम करना होता है।

विभिन्न नाभिकीय अस्त्रों द्वारा वायु प्रदूषण

आज पूरे विश्व के सभी देशों में नाभिकीय अस्त्र बनाने की होड़ लगी है। द्वितीय विश्वयुद्ध में परमाणु अस्त्रों का प्रयोग जापान के दो नगरों, हिरोशिमा और नागासाकी पर किया गया था। परमाणु विस्फोट में परमाणुओं के विखंडन से अपार ऊर्जा निकलती है जो हर प्रकार की आपदाओं जैसे कम वायुदाब, ज्यादा तापमान, तूफान, वर्षा, अंत में शीत लहर और नाभिकीय अवपात आदि को जन्म देती है। ये आपदाएँ थोड़े ही समय में प्रलय का दृश्य उपस्थित कर देती हैं। इमारतें, आबादी, जानवर आदि सभी नष्ट हो जाते हैं और अंत में रेडियोधर्मी धूल के आकाश में छाने और उससे निकलने वाले विकिरण सबसे ज्यादा प्रभाव डालते हैं। इसलिए रेडियोधर्मी धूल लंबे समय तक अपने विकिरण का प्रभाव दिखाती है।

यह विकिरण मनुष्यों के अंदर आनुवंशिक परिवर्तन ला देता है, इससे त्वचा, आंखों आदि से संबंधित अनेक रोग हो जाते हैं। यही नहीं, रेडियोधर्मी विकिरण पृथ्वी पर उपस्थित हर वस्तु, खाद्यान्न, दैनिक उपयोग की चीजों आदि सबको संदूषित कर देता है।

जब कभी परमाणु संयंत्रों में दुर्घटना हो जाती है तो विकिरण की भारी मात्रा वायुमंडल में प्रवेश कर जाती है। रूस में घटित चेर्नोबिल परमाणु संयंत्र दुर्घटना जापान में सुनामी से फैला टिकिया इसका ताजा उदाहरण है। किसी भी कारण से फैले विकिरण का प्रभाव एक समान होता है। परमाणु विस्फोट का पहले चरण में विस्फोट होते ही चमक उत्पन्न होती है अचानक बहुत तेज चमक जो आंखों में अंधापन उत्पन्न कर सकती है। दूसरे चरण में उत्पन्न होने वाली आवाज की लहर अनेक इमारतों एवं अन्य संरचनाओं को धराशायी कर देती है और जानवर, मनुष्य आदि बहुत दूर जा गिरते हैं।

सभी जीवधारियों के लिए यह विस्फोट की लहर हानिकारक होती है। इस विस्फोट की लहर के साथ ही भयानक उष्मा उत्पन्न होती है। यह उष्मा वातावरण की हर चीज को जलाकर खाक कर देती है।

वातावरण की वायु इतनी अधिक गरमी के कारण गरम होकर ऊपर उठ जाती है जो आंधी और तूफान का कारण बनती है। सबसे अंत में विकिरण प्रभाव शुरू होता है जो बहुत ही विनाशकारी और अनंतकाल (अधिक समय) के लिए होता है। 200 रैंड वाला विकिरण जीवों पर अस्थायी प्रभाव छोड़ता है लेकिन 600-1000 रैंड का प्रभाव स्थायी होता है। यह विकिरण आनुवंशिक प्रभावों के साथ-साथ शरीर में अन्य परिवर्तन ला सकता है। मनुष्यों एवं जानवरों पर ही नहीं, बल्कि पौधों पर भी कुछ इसी तरह का प्रभाव दिखाई देता है।

स्वास्थ्य, सुरक्षा एवं पर्यावरण

प्रारंभ से ही परमाणु ऊर्जा कार्यक्रम में इस बात पर जोर दिया गया है कि किसी भी तरह के विकिरण स्रोत, चाहे वे रिऐक्टर, रेडियो आइसोटोप्स, एक्सरे मशीनें हों, त्वरक या अन्य उद्योग तथा चिकित्सा में काम आने वाले उपकरण हों, आम जनता तथा काम करने वालों को सुरक्षित रखा जाए। फ रवरी, 1970 में जारी किए गए एक आदेश में भाभा ने कहा था 'रेडियो सामग्री तथा विकिरण स्रोतों को ट्रॉम्बे के परमाणु ऊर्जा प्रतिष्ठान में न केवल इस प्रकार उपयोग में लेना चाहिए कि किसी भी कर्मी या अन्य को उससे क्षति नहीं पहुंचे, बल्कि ऐसे बोधगम्य तरीक े से भी कि देश के दूसरे संस्थानों को उनका अनुकरण करने के लिए कहा जा सके।' परमाणु ऊर्जा विभाग ने जो दूसरे क्रांतिकारी क दम उठाए, उनमें महत्त्वपूर्ण था, परमाणु बिजली रिऐक्टरों के लिए जगह का चयन करते हुए स्थान को परिभाषित करना। वैसे तारापुर में सबसे पहले परमाणु बिजलीघर के निर्माण के समय ही इसे सुनिश्चित कर लिया गया था, जो समय की कसौटी पर खरा उतरा है।

इन मापदंडों के अनुसार रिऐक्टर के 1.6 कि.मी. दूरी तक बगैर मानव बस्ती वाला अनिवार्य अपवर्जन क्षेत्र होना चाहिए। दूसरी आवश्यकता 5 कि.मी. की परिधि में जनसंख्या वृद्धि को नियमित रखने की होती है।

तारापुर में पर्यावरण सर्वेक्षण प्रयोगशाला (ई.एस.एल.) की स्थापना की गई, जिससे रिऐक्टर के प्रारंभ होने के पूर्व पर्यावरण संबंधी मूलभूत जानकारी प्राप्त की जा सके तथा बाद में पर्यावरण पर निगरानी भी रखी जा सके। इस प्रकार ई.एस.एल. के माध्यम से भारत में सभी नाभिकीय शक्ति केंद्रों के पर्यावरण प्रभाव का मूल्यांकन एक सामान्य विशेषता है। पिछले कुछ वर्षों में औद्योगिक गतिविधियों के लिए पर्यावरण स्वीकृति के पूर्व पर्यावरण प्रभाव मूल्यांकन ज रूरी होता है, लेकिन परमाणु प्रतिष्ठानों में ई. एस.एल. एक विशिष्ट लक्षण है। 15 नवम्बर, 1983 को सुरक्षा पहलुओं को देखते हुए परमाणु ऊर्जा कार्यक्रमों के लिए एक नियामक निकाय की जरूरत को पहचानकर परमाणु ऊर्जा नियामक बोर्ड (ए.ई.आर.बी.) की स्थापना की गई। बोर्ड परमाणु ऊर्जा विभाग की पृथक् इकाई के रूप में कार्य करने लगा।

1979 में अमेरिका के थ्री माइल द्वीप तथा 1986 में यूक्रेन के चेर्नोबिल में परमाणु बिजलीघरों में हुई दुर्घटना के बाद सभी भारतीय रिऐक्टरों के सुरक्षा पहलुओं की विस्तृत समीक्षा की गई तथा उनकी रूपरेखा व प्रचालन विधियों में अतिरिक्त उपायों को शामिल किया गया। अब तक किसी भारतीय रिऐक्टर में सबसे गंभीर हादसा 1993 में नरोरा की दूसरी इकाई में हुआ था, जब चलाते समय टर्बाइन की शाफ ट टूट जाने के वजह से इसमें आग लग गई थी, जिससे हाइड्रोजन तथा चिकनाई उत्पन्न करने वाले तेल ने आग पकड़ ली थी। कई घंटे बिना बिजली के यह केंद्र रहा।

रूपरेखा में दिए गए स्वचालित नियंत्रण तंत्र (बैक-अप सिस्टम) ने रिऐक्टर को शीघ्र बंद कर दिया तथा प्रशीतन की आपात व्यवस्था ने प्रभावी तरीक े से कार्य किया। इस हादसे में किसी भी तरह के विकिरण का रिसाव

न ही वातावरण में हुआ और न ही संयंत्र परिसर में। एहतियात के तौर पर नियामक बोर्ड ने देश में इसी तरह की अन्य रिऐक्टर इकाइयों को टबाईन परीक्षण एवं सुरक्षा उपायों को उन्नत करने की दृष्टि से बंद रखने को कहा। बोर्ड ने इस बात पर भी बल दिया कि दो इकाइयों के मार्गों में भी पर्याप्त दूरी रखी जाए, ताकि किसी एक की गड़बड़ी के कारण दूसरी इकाई का कार्य प्रभावित न हो।

दिसंबर, 1994 तक बोर्ड द्वारा किए गए सभी संशोधनों के बाद नरोरा इकाई ने पुनः कार्य प्रारंभ कर दिया। नाभिकीय ऊर्जा निगम (एन.पी.सी.) वर्ल्ड एसोसिएशन ऑफ न्यूक्लियर ऑपरेटर्स, वानो का सदस्य है तथा काकरापार स्थित अपने केंद्र का निरीक्षण इस एसोसिएशन के एक दल से करा चुका है। इसी तरह, भारतीय इंजीनियर भी टीम के सदस्य के रूप में विश्व के अन्य भागों में स्थित परमाणु शक्ति केंद्रों का निरीक्षण कर चुके हैं।

कृषि कार्यों से उत्पन्न होने वाले वायु प्रदूषण

पर्यावरण प्रदूषण तथा आधुनिक कृषि प्रणालियों के मध्य गहरा सम्बन्ध है। नये-नये यन्त्र तथा उर्वरक और कीटनाशी आदि पर्यावरण पर गहरी चोट करते हैं। ज्यादा खाद्यान्न उत्पन्न करने के प्रयासों की वजह से पर्यावरण प्रभावित हो रहा है।

फसलों पर कीटनाशियों को विभिन्न तरीकों से प्रयोग किया जाता है। इनके कई तरह के फार्मुलेशन मिलते है जैसे वेटेबल पाउडर, चूर्ण, फ्यूमीमेंट, स्प्रे, इमल्सीफाइबिल कंसेंट्रेट आदि। विभिन्न यंत्रों के द्वारा इनका प्रयोग किया जाता है। इन यंत्रों में प्रयोग किए जानेवाले जीवनाशी द्रव रूप में रहते हैं। जीवनाशी इन यंत्रों के नाजिलों द्वारा दबाव के कारण अत्यंत सूक्ष्म बूँदों के रूप में फसलों पर गिरते हैं। ये जीवनाशियों के सूक्ष्म कण न केवल पौधों पर ही गिरते हैं, बल्कि अत्यंत छोटे होने के कारण वायु की संवहन धाराओं द्वारा दूर-दूर तक फैला दिए जाते हैं। पूर्णरूप में प्रयोग किये

जाने वाले जीवनाशी हवा के साथ उड़कर वायुमण्डल में दूर-दूर तक फैल जाते हैं।

कुछ कीटनाशी तो वायुमंडलीय प्रक्रियाओं में शीघ्र ही नष्ट हो जाते हैं, परन्तु कुछ वायुमंडल में बहुत लंबे समय तक बने रहते हैं। फसलों की सुरक्षा हेतु कृंतकों (Rodents), जैसे चूहों को मारने के लिए उनके बिलों में धुआँ उत्पन्न करने वाले जीवनाशियों (धूमकों) को रख दिया जाता है। जिससे निकलने वाली हाइड्रोसायनिक गैस या कार्बन डाइसल्फाइड गैस (CS_2) इन कृंतकों को तो मारती ही है, साथ ही वायुमंडल में भी मिल जाती है, जिससे वायु प्रदूषित हो जाती है।

जब चूहे मारने के लिये हाइड्रोजन सायनाइड या हाइड्रोसायनिक अम्ल का प्रयोग किया जाता है तो इससे एंजाइमिनिस्ट हो जाता है। इससे कार्बनिक पदार्थों से युक्त जल में (ऑक्सीजनविहीन) नाइट्रेट न बनकर नाइट्राइट बनता है जो मनुष्यों में मेटहीमोग्लोबेनीमिया नामक रोग का एक प्रमुख कारण है। यह रोग लाल रक्त कणिकाओं को ऑक्सीजन वहन करने में असमर्थ बनाता है। सभी वायुजीवी जीवों को सायनाइड की 0.2 मिग्रा./ली. (HCN के रूप में) मात्रा मार देती है। ये धूमक मनुष्यों की त्वचा द्वारा अवशोषित हो सकते हैं। हवा तथा धूमकों का मिश्रण सूजन उत्पन्न कर सकता है। हाइड्रोसायनिक एसिड (HCN) और अमोनिया त्वचा में बहुत शीघ्र प्रवेश कर जाते हैं। इसके अतरिक्त कार्बन डाइसल्फाइड (CS_2), कार्बन टेट्राक्लोराइड (CCI_4), थाइलीन डाइक्लोराइड, क्लोरीन, आयोडीन, फिनॉल, फार्मेल्डिहाइड, हाइड्रोजन सल्फाइड और निकोटीन प्रमुख जीवनाशी हैं। धूमन का नीबू जाति की फसलों पर अधिक प्रयोग होता है। मिट्टी में धूमन का प्रयोग मृदा के हानिकारक कीटों, नीमेटोडों और कवकों को नष्ट करने के लिए किया जाता है।

जीवनाशियों के प्रयोग के अतिरिक्त अन्य अनेक स्रोतों से वायु प्रदूषण संभव है जैसे फसलों के अवशेष, जो खेतों में रह जाते हैं, वे भी

एक तरह की समस्या खड़ी करते हैं। पानी की कमी होने पर ये मृदा में ठीक से विघटित नहीं हो पाते।

बहुधा इन्हें जला दिया जाता है। जलाने से विभिन्न प्रकार की गैसें जैसे कार्बन डाइऑक्साइड, कार्बन मोनोऑक्साइड, नाइट्रोजन ऑक्साइड आदि वायुमंडल में प्रवेश करती हैं। इनसे वायु प्रदूषण में वृद्धि होती है। फसलों की मँड़ाई करते समय उनसे निकली धूल दूर-दूर तक वायुमंडल में प्रवेश कर वायु प्रदूषण का कारण बनती है, जो साँस के माध्यम से शरीर में पहुँचकर अनेक समस्याओं को जन्म देती है। जो पशु खेती-बाड़ी में पाले जाते हैं उनके गोबर से निकलने वाली मीथेन और कार्बन डाइऑक्साइड गैसें वातावरण को अशुद्ध बनाती हैं।

मानव के लिए जीवनाशियों की अधिकतम स्वीकृत मात्रा

जीवनाशी	स्वीकार्य दैनिक अभिग्रहण
कार्बेरिल	0.01
क्लोरडेन	0.001
डी.डी.टी.	0.005
क्लोरपाइरीफोस	0.0015
डाइक्लोरोफास	0.004
डायजिनान	0.002
इंड्रिन	0.0075
डाईमेथोएट	0.02
मैलाथियान	0.02
हेप्टाक्लोर	0.0005
मोनोक्रोटोफास	0.0003
मेथाक्सीक्लोर	0.1
पैराथियान	0.005
फास्फेमिडान	0.001
फोसालोन	0.006

कुछ कुटीर उद्योगों में, जैसे जूट तथा सनई को तालाबों में सड़ाने से, अनेक प्रकार की दुर्गंधयुक्त गैसें निकलती हैं जो वातावरण को अशुद्ध बनाती हैं और वायु प्रदूषण बढ़ाती हैं। किन्तु कृषिजन्य वायु प्रदूषण अधिक उग्र नहीं होता; कारण कि यह कृषि योग्य विस्तृत भूमि के ऊपर के वायुमंडल को प्रभावित करता है।

घरेलू कार्यों से उत्पन्न होने वाले वायु प्रदूषण

वायु प्रदूषण में घरों में पशुओं के गोबर से या बने उपलों को जलाने से या पौधों के डंठल जलाने से निकलने वाले धुयें से भी वृद्धि होती है। इसी प्रकार शहरों में घरों में प्रयोग की जाने वाली द्रवित पेट्रोलियम गैस भी घरेलू वायु प्रदूषण का कारण बनती है। क्योंकि इस गैस के जलने से विभिन्न प्रकार हानिकारक गैसें जैसे सल्फर डाइऑक्साइडए नाइट्रोजन ऑक्साइड तथा ओजोन निकलती हैं। इसके अलावा, भोजन बनाने के लिए प्रयुक्त किए गए तेल कड़ाही में जलकर अपना धुआँ पूरे घर में भर देते हैं, जो आँख, नाक और गले में जलन उत्पन्न करता है। भोजन बनाने हेतु प्रयुक्त किए गए चूल्हों से उत्पन्न उष्मा का बहुत थोड़ा हिस्सा काम में आ पाता है शेष सब कमरे के वायुमंडल में पहुँचकर कमरे के तापमान को बढ़ाता है। घरों के वातावरण में प्रायः व्याप्त रहने वाले धुएँ फेफड़ों तथा आँखों से सम्बन्धित रोगों के कारक सिद्ध होते हैं।

घरेलू वायु प्रदूषकों में कार्बन मोनोऑक्साइड तथा कार्बन डाइऑक्साइड प्रमुख हैं। जहाँ तक हो सके गैस बर्नरों को जलाते समय उनकी लौ को इस ढंग से नियोजित करना चाहिए कि वे ठीक तली के पास जलें। अपूर्ण दहन के कारण ही कार्बन डाइऑक्साइड और कार्बन मोनोऑक्साइड गैसों की उत्पत्ति होती है।

घरों में प्लास्टिक रेजिन तथा ससंजक जो फार्मेल्डिहाइड से बनी होती है, प्रयोग की जाती है। इनमें से फार्मेल्डिहाइड बहुत धीरे-धीरे निकलकर

कमरे के वायुमंडल में मिलती रहती है। इस फार्मेल्डिहाइड को कैंसरजनी बताया गया है। इसके अतिरिक्त घरों में कीड़े मकोड़ों को मारने हेतु बेमॉन, डी.डी.टी. आदि जीवनाशियों का प्रयोग किया जाता है। साँस द्वारा डी.डी. टी. की वाष्प शरीर में पहुँचकर हानि पहुँचाती है। कभी-कभी तो मूर्च्छा तक आ जाती है। घरों में धूम्रपान करने वाला (बीड़ी, सिगरेट या हुक्का पीने वाला) व्यक्ति अपने जीवन को खतरे में तो डालता ही है, साथ ही वह परिवार के अन्य सदस्यों को भी इस खतरे की चपेट में ले लेता है।

अब यह सर्वमान्य है कि धूम्रपान करने वालों के मुँह से निकला हुआ धुआँ धूम्रपान न करने वालों के लिए, धूम्रपान करने वालों की अपेक्षा अधिक हानिकारक होता है। यदि धूम्रपान करने वाला व्यक्ति रोगी हो तो उसकी साँस से निकले रोगाणु घर के बाल-बच्चों तक पहुँच जाते हैं। यह भी सर्वमान्य तथ्य है कि फेफड़ों का 80% कैंसर धूम्रपान के कुप्रभावों के कारण होता है।

आज पुरुषों की तुलना में महिलाओं में धूम्रपान की आदत ज्यादा बढ़ रही है। वैज्ञानिकों का मत है कि स्त्रियों की शारीरिक रचना इस प्रकार की होती है कि उन पर धूम्रपान का प्रभाव कहीं अधिक घातक होता है। गर्भावस्था में अधिक धूम्रपान करने से गर्भपात तक हो जाता है। शरीर में विटामिन सी की मात्रा को तम्बाकू का धुआँ कम कर देता है। प्रतिदिन 20 से ज्यादा सिगरेट पीने वालों के शरीर में 40% विटामिन सी की कमी हो जाती है।

धुएँ में सबसे ज्यादा खतरनाक रसायन होता है निकोटीन, जिसके प्रभाव से हृदय की धड़कन बढ़ जाती है और व्यक्ति उच्च रक्तचाप से पीड़ित हो जाता है। निकोटीन के कारण रक्त आसानी से जम सकता है अतः हृदयाघात की संभावना अधिक हो जाती है। इससे प्रायः मुँह तथा श्वास नली में होने वाले कैंसर की भी पर्याप्त संभावना रहती है। हानिकारक पदार्थ टायर या अलकतरा भी तम्बाकू के धुएँ में होता है। इसमें कैंसर पैदा

करने वाले खतरनाक रसायन होते हैं। तंबाकू के धुएँ में उपलब्ध हाइड्रोजन सायनॉइड, फार्मेल्डिहाइड, एक्रोलीन और एसिटैल्डिहाइड नामक गैसें नाक को बंद कर देती हैं जिससे साँस लेने में कठिनाई उत्पन्न होती है। स्पष्ट है कि घरों के अन्दर धूम्रपान किसी एक सदस्य के लिए ही नहीं, अपितु पूरे परिवार के लिए हानिकारक है।

वायु प्रदूषण पर नियंत्रण हेतु सरकारी प्रयत्न

हर कोयले की खान के लिए एक मास्टर प्लान तैयार किया गया है। रेल विभाग ने अब तक जो कोयले से चलने वाले इंजन थे उन्हें बंद करने का फैसला किया है। तेल तथा प्राकृतिक गैस आयोग, रेल विभाग, कोल इण्डिया जैसे अनेक सरकारी संगठन प्रदूषण नियन्त्रण में रुचि दिखा रहे हैं। कोल इंडिया खनन के द्वारा उत्पन्न होने वाली पर्यावरणीय समस्याओं के प्रति जागरूक है और कोयले की धूल वायुमंडल में पहुंचने से रोकने के अनेक उपाय किए गए हैं। रेल लाइनों के विद्युतीकरण का कार्य तेजी से किया जा रहा है। भाभा परमाणु अनुसंधान केन्द्र ने मुम्बई में वायु प्रदूषण रोकने में रुचि दिखाई है। हिंदी दिवस के अवसर पर सन् 1989 में उस केंद्र में एक संगोष्ठी का आयोजन किया गया जिसका विषय था, पर्यावरण प्रदूषण और उद्योग। इसमें विभिन्न स्रोतों से हुए वायु प्रदूषण को रोकने के लिए अनेक तरीके सुझाए गए, जैसे

1. लोगों को पर्यावरण, पर्यावरण असंतुलन एवं संतुलन के प्रति जागरूक बनाना।
2. काम कर रहे उद्योगों में प्रदूषण नियंत्रक संयंत्रों को लगाना।
3. पर्यावरण पर पड़नेवाले उद्योगों के प्रभाव का निर्धारण।
4. ऐसी प्रक्रियाओं तथा तकनीकों का विकास जो कम विषैले पदार्थों को इस्तेमाल करे और जो स्रोत से निकलने वाले प्रदूषकों की मात्रा को कम कर सके।

5. उद्योगों द्वारा उत्पन्न वायु प्रदूषकों का निरंतर मानिटरन तथा उसके निकटवर्ती क्षेत्रों के वायु का प्रेक्षण।

6. किसी विशेष स्थान पर उद्योगों को न स्थापित करके उनको देश के अलग-अलग क्षेत्रों में स्थापित करना (बिखराना)।

हमारी परमाणु ऊर्जा से सम्बन्धित पर्यावरण संरक्षण नीति निम्न प्रकार से है

1. नाभिकीय प्रचालनों से तीव्र व दीर्घकालीन जैसे कोई हानिकर प्रभाव नहीं पड़ेगे और पारिस्थितिकी संतुलन भी बना रहेगा।

3. पर्यावरण में छोड़े गए रेडियाधर्मी और गैर रेडियोधर्मी प्रदूषक ऐसे सांद्रण स्तरों और प्रमात्राओं में होगे कि जीवों सहित पर्यावरण के घटकों में इन रेडियोधर्मी पदार्थों का संचयन हानिकारक प्रभाव नहीं छोड़ेगा।

3. नाभिकीय प्रतिष्ठानों का चालन प्रतिष्ठानों के नियंत्रण के बाहरी क्षेत्र के पर्यावरणीय संसाधनों के समुचित उपयोग में कोई हस्तक्षेप नहीं करेगा।

जल तथा वायु में रेडियोधर्मिता के निकास की जाँच नियमित रूप से की जाती है। साथ ही अपशिष्ट भंडारण सुविधा से रेडियोधर्मी संदूषण के किसी तरह से अचानक फैलने की दशा के विरुद्ध रोकथाम करने के लिए जांच तथा निगरानी की व्यवस्था है। जमा किए गए इन अपशिष्टों की डिकेहीट को दूर करने हेतु 25 वर्षों तक सतत निगरानी में रखने के पश्चात् उनका गहरी भूगर्भिक संरचनाओं में निपटान किया जाता है। नाभिकीय प्रतिष्ठानों द्वारा उत्पन्न विकिरण के प्रभाव से बचाव के लिए इन प्रतिष्ठानों के चारों ओर 500×500 मीटर चौड़ी हरित पट्टिकाएँ विकसित करने के लिए बल दिया गया है। ऐसा इन विद्युत गृहों के चारों ओर राख के भार को कम करने ताप विकिरण को घटाने तथा सूक्ष्म जलवायु को सुधारने के लिए बनाया गया।

यदि किसी कारखाने द्वारा दुर्घटना के कारण प्रदूषण होता है तो हरित पट्टी ऐसे प्रदूषण को बहुत कम कर देती है। सैद्धांतिक मॉडल के अनुसार, एक अच्छी क्षमतावाली हरित पट्टी के लिए निम्न प्रकार की बातें आवश्यक हैं

1. सदैव हरा बने रहने वाले, घनी पत्तियों वाले ऐसे पेड़ लगाए जाएँ जिन पर फैक्टरी के प्रदूषण का अधिक प्रभाव न पड़े। वे आसानी से नष्ट न हों और उसे अपने में शोषित करने की क्षमता ज्यादा हो।
2. हरित पट्टी की चौड़ाई बढ़ाने पर प्रदूषण रोकने की क्षमता भी बढ़ती है, लेकिन एक निश्चित सीमा के बाद नहीं बढ़ती।
3. पेड़ों की संख्या में एक संतुलन रखना आवश्यक है कारणकि बहुत कम पेड़ लगाने से वे थोड़ा ही प्रदूषण कम कर सकेंगे, जबकि ज्यादा पेड़ प्रदूषकों के लिए एक ठोस दीवार का कार्य करेंगे। ऐसी अवस्था में प्रदूषक पदार्थ पेड़ों के ऊपर से निकल जाएंगे।
4. प्रदूषण स्रोत के समीप हरित पट्टी लगानी चाहिए। परंतु लगाते समय फैक्टरी की सुरक्षा एवं अग्नि से बचाव का ध्यान रखना चाहिए।

कुछ वैज्ञानिकों का मानना है कि जो प्रदूषण नियन्त्रण में हरित पट्टी को असमर्थ बतलाते हैं। इसी वर्ग के एक वैज्ञानिक का मानना है कि विश्वभर में प्रतिवर्ष जीवाश्म ईंधनों के जलने से निस्सरित कार्बन डाईऑक्साइड को अवशोषित करने के लिए लगभग 700×10^6 हेक्टेयर क्षेत्र पर शीघ्र वृद्धि करनेवाले जंगलों की आवश्यकता होगी। इसके अलावा जंगल कटते रहने चाहिएँ तथा नए पौधों का रोपण भी होता रहना चाहिए।

वायु प्रदूषण की समस्या से निपटने के लिए नई तकनीकों का प्रयोग

वैज्ञानिकों ने वायु प्रदूषण की समस्या से निपटने के लिये नई तकनीक की खोज की है। उद्योग-धंधों के कारण वायुमंडल में पहुंची गैसों के हजारों

अणु परस्पर तथा हवा में विद्यमान नमी के साथ मिलकर वायु विलय का निर्माण कर लेते हैं। ये वायु विलय स्वास्थ्य एवं पर्यावरण को और ज्यादा नुकसान पहुंचाते हैं। हवा में ऋण आयनों के उत्पन्न करने से ये वायु विलय आवेशित हो जाते हैं। इन आवेशित वायु विलयों को कमरे की दीवारें, फर्श एवं उसमें रखा सामान अपनी तरफ आकर्षित कर लेते हैं। इस प्रकार कमरे की हवा वायु विलय रहित हो जाती है अर्थात् प्रदूषण मुक्त हो जाती है। यही नहीं, ये ऋणायन हमारे शरीर में पहुंचकर हमारा स्वास्थ्यवर्धन भी करते हैं इसलिए इन ऋणआयनों को वायु विटामिन भी कहते हैं।

समय-समय पर वायु प्रदूषण में कमी लाने के लिए उद्योगों द्वारा अनेक योजनाएँ बनाई जाती हैं। वायु प्रदूषण कम करने हेतु राष्ट्रीय केमिकल्स एंड फर्टिलाइजर्स, ट्रांबे द्वारा निम्न उपाय किए गए हैं

1. नए संयंत्रों में अधिक सक्षम तथा प्रदूषण मुक्त प्रौद्योगिकी को अपनाना।
2. पुराने संयंत्रों की संसाधन प्रौद्योगिकी को उन्नत करना।
3. हरित क्षेत्र का विकास।
4. अपेक्षाकृत स्वच्छ कच्चे माल को अपनाना।
5. विभिन्न नियंत्रण योजनाओं का अनुबोधन।
6. अतिरिक्त उपायों की स्थापना करना।

9

पर्यावरण सुरक्षाः एक महती आवश्यकता

जैसा कि पूर्व के अध्यायों में हम वर्णन कर चुके हैं कि पर्यावरण का अर्थ है हमारे चारों तरफ के परिवेश के अंतर्गत प्राकृतिक, अप्राकृतिक, जड़ तथा चेतन सभी वस्तुएं, मनुष्य, अन्य जीव-जंतु, पैड-पौधे, भूमि, जल वायु आ जाते हैं। इस शब्द में सारा भूमंडल समा जाता है। धरती पर हम रहते है, वायुमंडल हमें ऑक्सीजन देता है तथा जल मंडल से जल प्राप्त होता है। पर्यावरण के ये सभी घटक हमारे जीवन को प्रभावित करते हैं। प्रकृति के कार्यकलापों से इन घटकों में संतुलन बना रहता है। इसे ही पारिस्थितिक संतुलन कहते हैं।

आज पर्यावरण सुरक्षा, पृथ्वी के अस्तित्व का प्रश्न बन चुका है। यह अंतर्संबंधित संकट का विज्ञान है। पर्यावरण के संकट के साथ-साथ इस पृथ्वी पर हमारे हर जीवनोपयोगी कार्यकलाप का भविष्य संकट में पड़ गया है। विसंगति तो यह है कि विकास की अंधाधुंध दौड़ में पर्यावरण सुरक्षा महज एक नारा बनकर रह गया है।

इस मोर्चे पर हम बुरी तरह पिछड़ गए हैं तथा आगे भी कोई क्रांतिकारी परिवर्तन आने की किसी प्रकार की उम्मीद नहीं है। किसी देश से ऐश्वर्य साधनों की आपूर्ति के लिए किसी देश का पर्यावरण नष्ट हो जाता

है। बाद में वह संकट उस देश के साथ-साथ उपभोगवाद में डूबे देशों को भी अपनी जकड़ में ले लेता हैं। एक डूबते जहाज पर सवार सब लोग देर सबेरे डूबेंगें ही।

फैक्ट्रियों से उठता धुंआ, रासायनिक दूषित जल का नदियों में बहाव विभिन्न बीमारियों के जन्मदाता हैं। पेयजल संकट का भी कारण है। पेड़ों की अंधाधुंध कटाई, सिमटते जंगलों की वजह से बांझ होती भूमि ओर रेगिस्तान का बढ़ता प्रसार एक दूसरे पर आधारित है। भूमि कटाव से बाढ़ का खतरा बढ़ रहा है।

बेशक यह एक अत्यंत भयावह दशा है। प्रतिवर्ष अनियमित वर्षा की वजह से बाढ़ व सूखे का खतरा पैर फैला रहा है। कृषि को गंभीर खतरा पैदा होता जा रहा है है। भूमि की उपजाऊ शक्ति समाप्त होती जा रही है।

अतः यह स्पष्ट है कि हम विकास की तरफ एक कदम बढ़ाते हैं तो वहीं पर्यावरण के क्षेत्र में दस कदम पीछे हट जाते हैं।

प्रतिदिन की बढ़ती आबादी व गरीबी से हमारे पर्यावरण पर एवं संसाधनों पर बोझ बढ़ता जा रहा है। स्वतंत्रता प्राप्त दो दशकों तक पर्यावरण सुधार कार्य पर बहुत कम ध्यान दिया गया। चौथी पंचवर्षीय योजना में पर्यावरण पर ध्यान गया। लेकिन गैरनियोजित कार्यक्रम पर परस्पर तालमेल नहीं बैठ सका। लालफीताशाही व भ्रष्टाचार की वजह से आधी शताब्दी का लंबा समय बीत जाने के बाद भी हम इस क्षेत्र में उल्लेखनीय कुछ नहीं कर सके। राष्ट्रीय स्तर पर समग्र रूप से विकास कार्यक्रमों एवं पर्यावरण संरक्षण के बीच तालमेल बिठाने की ओर काम करना लगभग असंभव-सा बन गया है। विभिन्न राज्य सरकारें परस्पर विवादों में उलझ कर राजनीतिक हित साधन हेतु पर्यावरण के मुद्दों को नकारती दिखती हैं।

वन संपदा पर संकट यदि हम वन संपदा पर दृष्टि डालते हैं तो पता चलता हैं कि स्थिति अत्यंत विकट है। हमारे देश में 75.23 मिलियन

हेक्टेयर भूमि को वन क्षेत्र माना गया है। इसमें से 40.61 मिलियन हेक्टेयर को आरक्षित श्रेणी में रखा गया है। 21.51 मिलियन हेक्टेयर को संरक्षित माना गया है। वन रिर्पोट 1993 के अनुसार कुल वनक्षेत्र 6,40,107 वर्ग किलोमीटर है, यह कुल भूमि का 19.47 प्रतिशत मात्र है।

1993 में लैंडसेट उपग्रह द्वारा भेजे गए चित्रों के अनुसार रिकार्ड किए गए वनक्षेत्र 7.7008 मिलियन है। जिसमें से 64.0107 मिलियन हेक्टेयर वास्तविक हरित हैं। इसमें से 25.0275 मिलियन हेक्टेयर छिछला हरित और 38.576 मिलियन हेक्टेयर गहरा वनाच्छादित है। 41.492 मिलयन हेक्टेयर आरक्षित वन, 23.308 मिलियन हेक्टेयर संरक्षित वन, 12.208 मिलियन हेक्टेयर गैरदर्जा और 0.4256 मिलियन हेक्टेयर ग्रोव वन है।

भारत की वन नीति 1988 के अनुसार कुल भौगोलिक क्षेत्र का कम से कम 33 प्रतिशत वनाच्छादित होना चाहिए। जिलावार देखें तो 413 जिलों में से 105 जिलों में 33 प्रतिशत, 52 जिलों में 33 प्रतिशत, 127 जिलों में 0.1 में 19 प्रतिशत तक ही वनाच्छादित क्षेत्र हैं।

विश्व वन जीव कोष की रिपोर्ट के अनुसार अन्य देशों की तुलना में भारत में शीतोष्ण वनों का तेजी से क्षरण हो रहा है। आबादी व बढ़ती व्यावसायिकता का दबाव अन्य वनक्षेत्र पर भी बढ़ रहा है। भारत की 329 मिलियन हेक्टेयर भूमि में 174 मिलियन हेक्टेयर भूमि का क्षरण हो गया है। इसमें कृषि योग्य भूमि, गैर कृषि क्षेत्र एवं वन शामिल हैं।

सर्वेक्षणों एवं खोजबीन से यह बात सामने आई है कि सिर्फ पेड़ लगाना मात्र घट रहे जंगलों का विकल्प नहीं है। इससे मात्र 25 प्रतिशत ही लक्ष्य प्राप्त किया जा सकता हैं। वर्तमान जनसंख्या को 7 से गुणा करें तो पता चलता है कि प्रतिवर्ष लगभग 600 करोड़ पेड़ कट जाते हैं। प्रति बांध पर 25 लाख पेड़ डूब जाते हैं। विकास परियोजनाओं में प्रतिवर्ष 3 मिलियन हेक्टेयर वन नष्ट हो जाता है।

दरअसल इस काम में सबसे अधिक नियमों का उल्लंघन होता है। वन नियमों के अनुसार एक पेड़ के बदले दस पेड़ लगाए जाने चाहिए। लेकिन गत दो दशकों में मात्र एक प्रतिशत ही पेड़ लगाए गए हैं। अवैध कटाई से होने वाले नुकसान से अधिक नुकसान अनुपयोगी व अदूरदर्शी विकास योजनाओं में होता है। जलावन लकड़ी का दोहन 235 मिलियन क्यूबिक मीटर तक बढ़ गया है। पिछले पांच वर्षो में 43 से भी अधिक अभयारण्यों को रौंदा गया है। कांजीरंगा के पास पेट्रोरसायन रिफाइनरी सबसे बड़ा उदाहरण है। विभिन्न परियोजनाओं के नाम पर या सड़कें चौड़ी करने के लिए अभयारण्यों की अनदेखी कर दी जाती है।

पशुधन के दबाव के कारण जंगल पर बढ़ती निर्भरता- पशुधन के चारे के नाम पर काटे जा रहे जंगलों का विश्लेषण करने से पता चलता है कि जहां पहले पशुधन विशेषकर गाय, भैंस या बकरी के चारे के लिए लोग मोटे अनाज, खली, खरपतवार, घास आदि पर निर्भर होते थे वहीं आज वे लोग 'जंगल पर निर्भरता' बढ़ा रहे हैं। जंगल विभाग को राज्य सरकार के बजट का बहुत कम हिस्सा मिलता है। इसलिए कुछ ही एकड़ भूमि पर पेड़ लगाए जाते हैं तथा उन्हीं को बकरियां आदि चट कर जाते हैं। हमारा देश जीव-जंतुओं की विभिन्न किस्मों से संपन्न है, लेकिन वनों के अत्यधिक दोहन से आज उनका अस्तित्व खतरे में पड़ता जा रहा है। इसके बाद अतिरिक्त पर्वतीय क्षेत्र में वनों के कटाव से उपजाऊ मिट्टी वाली भूमि की ऊपरी पर्त कट रही है एवं अनियंत्रित वर्षा एवं बाढ़ का खतरा बढ़ रहा है। राष्ट्रीय वन नीति में वनों के बहुआयामी प्राकृतिक स्वरूप, वनवासी एवं स्थानीय लोगों के अधिकारों की भूमिका वन एंव उसके आस-पास की भूमि तथा अन्य आरक्षित एंव संकटग्रस्त क्षेत्रों को पुनर्जीवित करने तथा विकास कार्यक्रमों को लागू कराने के लिए राष्ट्रीय वनारोपण एंव इको विकास बोर्ड लगा है। वनजीवों के मामले में वनजीवन संरक्षण एंव आरक्षण तथा निवास स्थान को संयमित करने हेतु प्रमुख योजनाएं बनाई गई हैं। इस क्षेत्र में यह

कोशिश की जा रही है कि वन जीवों को उनके निवास के समीप ही सरंक्षित किया जाए। 1,732 राष्ट्रीय उद्यान, 421 वनजीव अभयारण्य, 21 प्रोजेक्ट टाइगर एरिया तथा 8 बायोस्फेयर रिजर्ब्स की पहलता से इन जीवों को बचाया जा रहा है, लेकिन समस्या तो यह है कि अधिंकाश अभयारण्यों को खतरा हो गया है उसका स्पष्ट उदाहरण कांजीरंगा, भरतपुर का पक्षी विहार आदि 43 अभयारण्य हैं। सरकार के स्पष्ट निर्देशों के बावजूद बड़े-बड़े कारखाने प्रदूषण नियंत्रण पर बहुत कम ध्यान देते हैं। छोटे कारखाने प्रदूषण नियंत्रण पर बहुत कम ध्यान देते हैं।

छोटे कारखाने या अवैध रूप से गली-गली में चल रहे कारखाने आज पर्यावरण के लिए गम्भीर खतरा बन गए हैं। बढ़ते वाहन भी आज शहरों के पर्यावरण के लिए गम्भीर खतरा बन गए है।

इस कारण राजधानी दिल्ली में बढ़ रहे श्वास रोग एक चेतावनी हैं। नदियां इस कदर प्रदूषित हो गयी हैं कि मछलियां तक मर रही हैं। ठोस औद्योगिक कूड़ा, जैसे फ्लाई ऐश, फोस्फोडियम, ब्लास्ट फर्नेस स्टेज तथा विभिन्न तरल रासायनिक कूड़े, को किस प्रकार और कहां फैका जाए या संभाला जाए एक समस्या बन गयी है। पेट्रो केमिकल, टाक्सिक, ज्वलनशील एवं विस्फोटक रसायन उद्योगों को नियंत्रित रखना एक गंभीर समस्या है।

केंद्रीय प्रदूषण नियंत्रण बोर्ड द्वारा 17 राज्यों 241 श्रेणी के नगरों का सर्वेक्षण किया गया जिसके अनुसार 90 प्रतिशत जल प्रदूषित था और इस जल-प्रदूषण को रोकने के लगभग सारे प्रयत्न विफल हो चुके हैं और यह समस्या भयावह होती जा रही है।

भारत में हजारों वर्षों से तालाबों पर आधारित कृषि एवं पेयजल व्यवस्था प्रचलित रहीं। सूखे के दौरान यही तालाब ग्रामीणों की प्राणरक्षा करते थे। आज विकास की दौड़ में हम हैंडपम्प और मोटर पम्प द्वारा भूमिगत जल पर निर्भर हो चुके हैं। आज गांवों में तालाब समाप्त हो चुके हैं और भूमिगत जल का अंधाधुंध दोहन के कारण भूमिगत जल स्तर कम

होता जा रहा है। कुल मिलाकर स्थिति इतनी गंभीर हो चुकी हैं कि अगर अभी भी सचेत नहीं हुए और युद्ध स्तर पर पर्यावरण पर ध्यान नहीं दिया गया तो शायद सोचने के लिए भी समय नहीं बचेगा।

विश्वस्तरीय पर्यावरणीय समस्याएं

पर्यावरण से सम्बन्धित कुछ ऐसी समस्यायें भी होती हैं, जिनका प्रभाव पूरे विश्व पर होता है। उदाहरणार्थ जलवायु को किसी देश की सीमा तक ही सीमित नहीं किया जा सकता हैं, कारणकि इसका प्रभाव अत्यंत ही विस्तृत होता है। वायुमंडल में दूषित गैसों का प्रभाव विश्व-स्तरीय हो सकता है।

आज वायुमंडल के ओजोन परत का क्षय शीघ्रता से हो रहा है, जिसका प्रभाव सम्पूर्ण विश्व पर पड़ सकता है। वनस्पतियों तथा समुद्री शैवालों के नष्ट होने के कारण ऑक्सीजन की मात्रा पर ऋणात्मक प्रभाव पड़ रहा है। कार्बन-डाईऑक्साइड की मात्रा में वृद्धि के फलस्वरूप पृथ्वी के तापमान में वृद्धि हुई है। एक अध्ययन के अनुसार 1880 ईसवी के पहले एक लाख वर्ष तक वायुमंडल में स्थित कार्बन-डाईऑक्साइड की मात्रा स्थिर थी।

लेकिन औद्योगीकरण के कारण सन् 1958 में एक अध्ययन के आधार पर कार्बन-डाईऑक्साइड की मात्रा 10 लाख में 515 के अनुपात में थी और सन् 1984 में इसकी मात्रा बढ़कर 343 हो गयी। लगभग 40 ऐसी गैसों का पता लगाया गया है जो वायुमंडल को प्रभावित करती हैं, जिनमें मीथेन, नाइट्रेट ऑक्साइड तथा ओजोन प्रमुख हैं।

वैज्ञानिकों के अनुमान के आधार पर यह कहा गया है कि सन् 2030 तक वायुमंडल में पौधघर गैसों की मात्रा में दुगुनी वृद्धि हो जायेगी। पृथ्वी का तापमान 3 डिग्री से 4 डिग्री सेल्सियस बढ़ जायेगा, जिनसे जीवमंडल के बहुत बड़े भाग का विनाश हो सकता है, कारणकि

(क) पृथ्वी तल के आस-पास 11% क्षेत्रफल का हिम का आवरण है। हिम आवरण तापमान के बढ़ने से पिघलकर जल के रूप में परिवर्तित हो जायेगा, जिसकी मात्रा लगभग 3 करोड़ घन मीटर जलराशि के बराबर होगी।

(ख) समुद्र का जलस्तर बढ़ते हुए जल के कारण कुछ मीटर ऊंचा हो सकता है और महाद्वीपों की 15 लाख वर्ग किलोमीटर धरती जल प्लावित हो सकती हैं।

(ग) सामान्य से 3 से 4 डिग्री सेल्सियस तापमान बढ़ जाने से विश्व में भयावह स्थिति उत्पन्न हो सकती है। यदि पर्यावरण का सही-सही बोध नहीं होगा तो लगभग अगले 60 70 वर्षों में इस प्रकार की स्थिति हो जायेगी।

(घ) सागरों में मात्र 2 या 3 मीटर वृद्धि होने पर संसार के मालद्वीप, मॉरीशस, समोआ आदि अन्य छोटे-छोटे द्वीपों का अस्तित्व समाप्त हो जायेगा, अर्थात ये द्वीप जलमग्न हो जायेंगे। इसलिए इस विभीषिका से बचने के लिए अन्तर्राष्ट्रीय स्तर पर पर्यावरण-बोध कराने का प्रयत्न किया जा रहा है।

पर्यावरण सन्तुलन

मनुष्यों का पेड़-पौधों से क्या सम्बन्ध है? पेड़-पौधों से हमें खाने के लिए अनाज और फल-फूल तथा सांस लेने के लिए हवा मिलती है। धूप आदि से बचाव के लिए छाया और ईंधन के लिए लकड़ी भी प्राप्त होती है। पर इन सारी चीजों के विस्तार में न जाकर, केवल एक चीज, हवा पर अपना ध्यान केन्द्रित किया जाय।

प्रत्येक जीवधारी एक-दूसरे पर निर्भर है। जिसने 'जीवन' को 'धारण' किया है, जो 'जीवित' है, 'सजीव' है, वह जीवधारी हैं।

प्रकृति में दो प्रकार के पदार्थ हैं सजीव और निर्जीव। परंतु सबसे महत्त्वपूर्ण बात जो हमेशा याद रखने की है, वह यह कि सारे पेड़-पौधे और वनस्पतियां भी हम सबकी ही तरह सजीव हैं। पेड़-पौधों आदि के 'सजीव' होने की बात पर्यावरण के विभिन्न घटकों के आपसी सम्बन्ध को समझने की दृष्टि से अत्यन्त उपयोगी है।

हम मनुष्यों के जीवन में वायु का एक अत्यंत ही महत्त्वपूर्ण स्थान है। अगर हवा न मिले तो हमारी सांस ही बन्द हो जाय। जब हम सांस लेते हैं तो वायुमंडल की हवा से ऑक्सीजन ग्रहण करते हैं और सांस छोड़ते समय कार्बन-डाईऑक्साइड बाहर निकालते हैं।

यह सारा कमाल पेड़-पौधों का है। वे हमारे श्वसन के फलस्वरूप निकली हुई कार्बन-डाईऑक्साइड गैस को लेकर सूर्य के प्रकाश में खाना बनाते हैं। पेड़-पौधों की पत्तियों में पाये जाने वाले हरे पदार्थ 'क्लोरोफिल' नामक पदार्थ की सहायता से उनका भोजन तैयार होता है और 'ऑक्सीजन' निकलकर पुनः वायुमण्डल में मिल जाती है।

जरा सोचो, यदि पेड़-पौधे न रहे तो हमारी क्या दशा होगी? हमें सांस लेने के लिए ऑक्सीजन कहां से मिलेगी? यदि हमने आस-पास के पेड़-पौधों और जंगलों को काटे जाने से नहीं रोका तो और भी अनेक समस्याएं पैदा हो जाएंगी। उदाहरण के लिए, वायुमण्डल में कार्बन-डाईऑक्साइड की मात्रा बढ़ जाएगी। ऐसा दो कारणों से होगा।

एक तो विश्व की बढ़ती हुई जनसंख्या के सांस लेने के परिणामस्वरूप कार्बन-डाईऑक्साइड की ज्यादा मात्रा वायुमण्डल में मिलेगी। दूसरी ओर पेड़-पौधों की संख्या घटते जाने से उसका ऑक्सीजन रूपान्तरण भी कम हो जाएगा। कोयला एवं पेट्रोलियम पर आधारित ऊर्जा स्रोतों के प्रयोग से भी वायुमण्डल में कार्बन-डाईऑक्साइड की मात्रा बढ़ती है। इन सबका सीधा असर हमारे मौसम पर पड़ेगा। हमारी जलवायु बदलने लगेगी। इस परिवर्तन को वैज्ञानिक भाषा में 'ग्रीन हाउस इफेक्ट' कहते है। मौसम का यह बदलाव

पृथ्वी के तापक्रम में बढ़ोतरी के रूप में सामने आता है। विशेषज्ञों का मानना है कि यदि वायुमण्डल में कार्बन-डाईऑक्साइड की मात्रा दुगुनी हो जाय तो सारी पृथ्वी का तापक्रम औसतन तीन डिग्री सेल्सियस बढ़ जाएगा। परंतु पूरे साल-भर बर्फ से ढके रहने वाले उत्तरी और दक्षिणी ध्रुवों के तापमान में $8\text{-}10^0$ सेल्सियस वृद्धि हो सकती है। इसके फलस्वरूप उन पर जमी बर्फ पिघलना शुरू होगी। समुद्र का पानी बढ़ेगा और अनेक तटवर्ती शहर सागर के गर्भ में समा जाएंगे। लेकिन अभी भी हमारे पास समय है। इस विनाश को रोकने की सामर्थ्य अभी भी हममें है। दुनिया में कोई भी काम असंभव नहीं होता बशर्ते कि व्यक्ति में काम करने की लगन हो और पर्याप्त वक्त हो। इस सर्वनाश से बचाव का उपाय है, वनों को काटने से रोकना, ज्यादा से ज्यादा पेड़ लगाना, लगाए गए वृक्षों की रक्षा करना।

जीवन क्या है? किसी विचारक ने कहा है 'जीवन' है ही 'जीव' व 'वन'। जब 'जीव' और 'वन' दोनों मिल जाते हैं, एकाकार हो जाते हैं, तब 'जीवन' मिलता है। शब्द-निर्माण के भाषा-वैज्ञानिक सिद्धांत के अनुरूप की गई। यह व्याख्या हमारे पर्यावरण की दृष्टि से भी कितनी सुसंगत है!

'वन' के अपने 'जीवन' में महत्त्व को एक अन्य दृष्टिकोण से भी समझा जा सकता है। बरसात के दिनों में उड़ते हुए बादलों को पकड़कर वर्षा कराने में पहाड़ पर उगे घनों वनों की महत्त्वपूर्ण भूमिका है। लेकिन बाढ़ क्यों आती है? या सूखा क्यों पड़ता है? बाढ आने या सूखा पड़ने का सीधा संबंध वनों से है। यह तो एक सीधी बात है कि वन वर्षा में सहायक हैं तो वन कट जाने पर वर्षा कम होगी और सूखा पड़ जाएगा। परंतु अपने देश में पिछले कुछ साल में एक विचित्र 'संयोग' दिख रहा है वर्षा कम होने से सूखा भी पड़ा और बाढ़ भी आई। ऐसा कैसे हुआ? इसके उत्तर के लिए पर्यावरण के विभिन्न घटकों के बीच के जटिल संबंध को समझना होगा।

पहाड़ों पर जब (या कहीं भी) पेड़ कटते हैं तो वहां की मिट्टी वर्षा की तीव्र बौछार को बदार्शत नहीं पाती और पानी के साथ ही कट-कटकर बहने

लगती है। मिट्टी के इस कटाव को वैज्ञानिक भाषा में 'मृदा अपरदन' कहते हैं। पानी की धार के साथ बहती हुई यह मिट्टी देश के मैदानी भागों में स्थित नदियों, नहरों, तालाबों आदि को पाट देती है। फलतः उनकी जल-ग्रहण क्षमता कम हो जाती है। साधारण-सी बात है कि इन नदियों, नहरों और तालाबों में पहले की तुलना में कम जल अंटता है। अतः वर्षा कम होने के बावजूद उनका पाट जल्दी भर जाता है। और आस-पास की भूमि जलमग्न हो जाती है।

अतः अब यह तो स्पष्ट हो गया होगा कि हमारे देश में सूखा और बाढ़ की यह दोस्ती कैसे शुरू हुई। ये दोनों दोस्त अब साथ-साथ इसलिए आते हैं, क्योंकि हमने बड़े पैमाने पर वनों का विनाश किया है। अब ये दोनों दोस्त मिलकर हमारा विनाश करने पर तुले हैं। इन दुष्टों की दोस्ती तोड़ने के लिए हमें बड़े पैमाने पर वृक्षारोपण करना होगा। सामाजिक वानिकी और सामुदायिक वानिकी जैसे सरकारी प्रयासों में पूरा सहयोग देते हुए, व्यक्तिगत स्तर पर भी निरंतर प्रयास करना होगा।

पर्यावरण के विभिन्न घटकों के आपसी संबंधों को समझने के लिए हमने बात शुरू की थी हवा से वृक्षारोपण तक। प्रकृति के विभिन्न जीव-जन्तुओं से फल-फूल, दूध-दही, अंडा-अनाज आदि लेकर हम अपनी भूख मिटाते हैं तो उन पशु-पौधों के लिए आवश्यक पोषाहार उपलब्ध कराने मे हम सहायक भी होते है। लेकिन यह संबंध, यह खाद्य-श्रंखला सीधी नहीं है।

हमारी पर्यावरण संबंधी योजनाएँ

आजादी के पश्चात हमारे देश में जब से पंचवर्षीय योजनाएं बननी प्रारंभ हुई हैं तबसे विभिन्न योजनाओं में भारतीयों के लिए आवासीय व्यवस्था, जल-वितरण व्यवस्था, पोषण और शारीरिक स्वास्थ्य जैसे प्रमुख विषयों को स्थान दिया जाता रहा है। परंतु पर्यावरण और उसके विकास के लिए सन् 1968 तक कोई भी महत्त्वपूर्ण और ठोस कदम नहीं उठाए गए थे।

चौथी योजना (1972) के प्रारम्भ में एक पर्यावरण समिति का गठन हुआ। इसमें विशेषज्ञों और वैज्ञानिकों से विभिन्न पहलुओं पर विचार-विमर्श हुआ और उन समस्याओं के समाधान भारत सरकार के समक्ष प्रस्तुत किए गए।

पांचवी योजना के प्रारूप में कहा गया है कि औद्योगिक निर्णय, जिनसे पर्यावरण प्रभावित होता हो, पर खास ध्यान दिया जाए। गरीबों के जीवन-स्तर को भी सुधारा जाना चाहिए। 1980-85 छठी पंचवर्षीय योजना में विकास और पर्यावरण से सम्बन्धित पूरा एक प्रकरण शामिल किया गया था। इसमें जोर देकर कहा गया था कि कृषि, वन, जल, वायु, वन्यजीव, खनिज, आकाशीय पर्यावरण और समुद्री जीव-जंतुओं जैसे पारिस्थितिकी मूल के तत्त्वों का संरक्षण भी हर प्रकार से आवश्यक है। इसके द्वारा प्रबंधकों और प्रशासकों को निर्देश दिए गए थे कि किन क्रियाकलापो से पर्यावरण प्रदूषण को बचाया जा सकता है।

एक समिति का जनवरी 1980 में ही गठन किया गया, जिसने अब तक के हुए कार्यों की समीक्षा की। इस उच्च अधिकार प्राप्त समिति के अनुमोदनों के आधार पर भारत सरकार ने उसी वर्ष पर्यावरण विभाग की स्थापना की। उन समस्याओं पर इस समिति में विचार किया गया, जिनसे पर्यावरण के अनेक घटक प्रभावित हों। पहाड़ों और मैदानों पर पर्यावरण को संरक्षित करने के विभिन्न कार्यक्रम भी आयोजित किए थे। सातवी पचंवर्षीय योजना में पर्यावरण के समस्त घटकों पर विकाशील योजनाएं बनाई गई। हर बार पंचवर्षीय योजनाओं में पर्यावरण सम्बन्धी योजनाएं बनती है परन्तु सिर्फ कागजों पर! काश यह नीति लागू होती।

राष्ट्रीय स्तर पर पर्यावरण संबंधी समस्यायें

पर्यावरण को सन्तुलित करने के लिए पृथ्वी के धरातल के 33% क्षेत्रफल में वनों का होना आवश्यक है, जबकि भारतवर्ष अपने अधिकांश वन-सम्पदा को नष्ट कर चुका है। इसलिए वन महोत्सव, सामाजिक

वानिकी जैसी राष्ट्रीय योजनायें चलायी जा रही हैं। पश्चिमी देशों में वायु प्रदूषण, जल प्रदूषण, मिट्टी प्रदूषण आदि समस्याओं का बोध राष्ट्रीय तथा क्षेत्रीय स्तरों पर हुआ है। यूरोप के अनेक देशों में धरातल तथा भूमि पिघलने से भी पिघला हुआ जल अम्ल वर्षा के कारण दूषित हो गया है।

भारतवर्ष में बाढ़ और सूखे के प्राकृतिक प्रकोपों से निवारण के लिए विशेष प्रयास किये जा रहे हैं। भारत की अपार जलराशि तथा मिट्टी के सही बोध हो जाने पर भी बेकारी व भुखमरी जैसी हैं, क्योंकि किसी भी देश के निवासियों के देश के प्रति अनुराग और निष्ठा उनके पर्यावरण बोध पर आधारित होते हैं। उष्ण आर्द्र जलवायु की अपेक्षा समशीतोष्ण जलवायु के लोग अधिक कार्यकुशल होते है। अतिवादी जलवायु तथा अन्य पर्यावरणीय कठिनाइयों के कारण अफ्रीका के प्रगति की गति मन्द रही हैं।

राष्ट्रीय-स्तर पर पर्यावरण का ज्ञान अधिक प्रभावकारी होता है तथा पारिस्थिकीय तथ्यों का ज्ञान आसानी से किया जा सकता है। कोई भी देश अपने पर्यावरणीय तत्वों (मौसम और जलवायु, मिट्टी, धरातल, खनिज, जल वनस्पति और जीव जन्तुओं) का सही-सही ज्ञान प्राप्त करके तदनुरूप अपने क्रिया कलापों की व्यवस्था कर सकता है। यह सत्य है कि पर्यावरण-बोध के अनुसार ही कोई व्यक्ति अन्तर्प्रक्रिया करता है, जो बाद में उसकी आदत बन जाती है। इसी आदत के सन्दर्भ में भविष्य की अन्तर्प्रक्रिया को व्यवस्थित किया जाता है।

क्षेत्रीय स्तर पर पर्यावरण संबंधी समस्यायें

पर्यावरण का क्षेत्रीय-स्तर पर बोध सबसे आसान है। पर्यावरण के तत्वों का ज्ञान सरल होता है। एक गांव में बाढ़ आ जाने की वजह से वहां के लोगों की कठिनाइयों में ग्रामीण लोगों के पर्यावरण-बोध में अन्तर होता है। शहरी क्षेत्रों में सांस्कृतिक पर्यावरण की प्रधानता के कारण पेड़ों का कोई महत्व नहीं होता है जितना कि ग्रामीण क्षेत्रों में पेड़ों का महत्व होता है।

यद्यपि दोनों के लिए ऑक्सीजन की आपूर्ति तथा कार्बन-डाईऑक्साइड का शोषण उतना ही आवश्यक होता है। प्रायः शहरों की पारिस्थिकीय दिन-प्रतिदिन असंतुलित होती जा रही है। यूरोप के देशो के लोग शहरों से गांवों की ओर पलायन कर रहे हैं। शहरी पर्यावरण में सुधार के लिए वृक्षारोपण आदि पर अनिवार्य बल दिया जा रहा है। भारतवर्ष में हजारों वर्ष पूर्व यहां के वास्तुकारों द्वारा पर्यावरण सन्तुलन के लिए उपवन नगर का निर्माण किया जाता था।

औद्योगिक क्षेत्रों को त्यागने वाली समाग्रियों से पर्यावरण दूषित होता जा रहा है। अतः पर्यावरणीय समस्याओं के निवारणार्थ पर्यावरण शिक्षा पर विशेष ध्यान देने की आवश्यकता है, ताकि व्यक्तियों में पर्यावरण बोध का समुचित विकास हो सके।

पर्यावरण तथा मौसम में भयंकर परिवर्तन

हमारे वैज्ञानिकों के विचारानुसार यदि सूर्य व पृथ्वी के मध्य की दूरी में एक प्रतिशत की भी वृद्धि हो जाए तो पृथ्वी पर प्राप्त सौर-ऊष्मा में दोगुनी यानी दो प्रतिशत कमी हो सकती है। इस प्रकार अंततः पृथ्वी पर प्राप्त सौर ऊष्मा की मात्रा में दोगुनी यानी दस प्रतिशत वृद्धि हो सकती हैं, जिससे पृथ्वी जलकर राख का ढ़ेर हो जाएगी। बात दो या दस प्रतिशत की नहीं हैं, बल्कि इन आंकड़ों के वास्तविक अर्थ की है। हर सेकंड सूर्य की 40 लाख टन ऊर्जा की मात्रा नाभिकीय क्रियाओं द्वारा ऊर्जा में बदलती रहती हैं जिससे प्रति ग्राम 250 लाख किलोवाट यूनिट बिजली के बराबर की ऊर्जा निरंतर पैदा होती रहती है।

यद्यपि सूर्य की पूरी गर्मी का एक छोटा-सा हिस्सा जमीन पर पहुंच पाता है, फिर भी यह हिस्सा 700 खरब किलोवाट प्रति घंटा के बराबर होता है। सूर्य-पृथ्वी की दूरी में वृद्धि या घटत के फलस्वरूप पृथ्वी पर एकाएक विशाल ऊर्जा की घटत या बढ़त निस्संदेह प्रलयंकारी क्रियाओं का कारण

बन सकती है। यदि यह तब्दीली अपेक्षाकृत बहुत थोड़े परिमाण में हो तो भी मौसम पर इसके अनष्टिकारी प्रभाव प्रकट होंगे।

असल में मुख्य बात यह नहीं है कि सूर्य और पृथ्वी अपनी-अपनी जगहों से खिसक रहे हों। फिलहाल सूर्य व पृथ्वी के बीच की दूरी में फर्क आने का भी कोई अंदेशा पैदा नहीं हुआ हैं परन्तु कुछ ऐसे मुद्दे जरूर हावी हैं जिनका अंजाम यही हो सकता है जो सूर्य के दूर हटने या पास आने से संभव है।

यह मुद्दा कोई और नहीं बल्कि जली हुई गैसें हैं। सभी ईंधनों के जलने पर गैस विशाल मात्रा में पैदा होती है। कारखाने हवा में लाखों टन की मात्रा में विषैली गैसे उगलते हैं। पृथ्वी के अनगिनत मनुष्य व पशु-प्राणी सांस द्वारा वायुमंडल में कार्बन-डाईऑक्साइड छोड़ते हैं। यही कार्बन-डाइऑसाइड गैस ऐसा अकेला मुद्दा है, जिसके कारण भूंमडलीय जलवायु में किसी समय स्थायी उथल-पुथल हो सकती है। सूर्य की किरणें मुख्यतः निम्न तरंग लंबाई यानी उच्च आवृत्ति की होती हैं, जिन्हें वायुमंडल की कार्बन-डाईऑक्साइड सोख नहीं सकती। जमीन पर पड़ने के बाद जब यह किरणें परिवर्तित होती हैं, तो उच्च तरंग लंबाई या निम्न आवृत्ति की इन्फ्रा-रेड या अवरक्त किरणों में बदल जाती है। इन किरणों को कार्बन डाइऑसाइड तुरंत सोखने में क्षम्य होती है। इस क्रिया से वायुमंडल का तापक्रम बढ़ जाता है। फिलहाल वायुमंडल में इस गैस की उपस्थिति सिर्फ 0.03 प्रतिशत है।

यदि हवा में 0.03 प्रतिशत अतिरिक्त कार्बन डाईऑक्साइड स्थिर हो जाए तो औसत भूमंडलीय तापक्रम में 3 डिग्री से. की वृद्धि निश्चित तौर पर होगी और यह न्यून वृद्धि की जलवायु में हानिकारक असंतुलन पैदा करने के लिए पर्याप्त होगी। इन प्रभावों को समझने के लिए ध्रुवीय बर्फ के पिघलने की क्रिया सटीक होगी। ध्रुवों पर बर्फ का स्थायी विपुल विस्तार है, जो सूर्य की किरणों को भारी मात्रा में परिवर्तित कर पृथ्वी को ठंडा रखने

या तापक्रम को संतुलित रखने में सहायक होता है। कार्बन-डाइ की अभूतपूर्व वृद्धि से वायुमंडल का तापक्रम बढ़ता है और बर्फ का साम्राज्य घट जाता। परिणामतः कम सौर-ऊर्जा परावर्तित होती है और अन्ततः तापक्रम बढ़ता है। इसका उल्टा भी सत्य है।

जब गर्म के बजाए शीत जलवायु पैदा होती है। इसी प्रकार वायुमंडल में धूल की वृद्धि, ज्वालामुखी उद्‌गार हवा में ओजोन गैस में घटत व प्रदूषण की वजह से तापीय-असंतुलन पैदा होता है। बात सिर्फ तापक्रम के बढ़ने की नहीं, बल्कि अप्रत्याशित सूखा अथवा पूरी जलवायु में असन्तुलन का भय है जिसका पूर्व आभास अभी से होने लगा है।

बढ़ती जनसंख्या द्वारा पर्यावरण से छेड़छाड़

हमारी जैसे-जैसे जनसंख्या बढ़ रही है, उद्योग-धन्धों का विकास हो रहा है, वैसे-वैसे हमारे पर्यावरण को खतरा भी बढ़ रहा है। कल-कारखानों से निकलने वाली विषैली गैसों हमारे वायुमंडल को जहरीला बना रही है। इन कारखानों से निकलने वाले व्यर्थ पदार्थ हमारे नदी-नालों और मिट्टी को प्रदूषित कर रहे हैं। इस प्रकार हम मनुष्यों के ही स्वास्थ्य और जीवन के लिए खतरा होता जा रहा है। चिन्ता की बात यही है। चिन्ता की बात यह भी है कि हमारी जनसंख्या बढ़ने के साथ-साथ अन्य जीवों, पशु-पक्षियों और पौधों के विलुप्त हो जाने की आशंका बढ़ती जा रही है।

पर्यावरण का विषय-क्षेत्र इन सारी चिन्ताओं को अपने-आप में समेटे हुए है। पर्यावरण-सम्बन्धी चिन्ताओं ने समूचे मानव-समुदाय को झकझोर कर रख दिया है। कहा जाता है कि मानव इस जीव जगत् में सबसे बुद्धिमान प्राणी है। शायद यह कहना सच भी है। लेकिन पर्यावरण की समस्या ने मानव-बुद्धि को चकरा दिया है। सारी मानव-जाति आज एक ऐसे दोराहे पर खड़ी है जहां से सामने की दिशा में पूर्ववत् आगे बढ़ते जाना अपने को मौत के मुंह में ढकेलने के बराबर है। लेकिन लौटकर पीछे जाना स्वयं

ही जंगली आदम-सभ्यता को स्वीकार लेना होगा। समस्या सचमुच बड़ी जटिल है। पीछे लौटकर न तो हम मानव-सभ्यता के गौरवपूर्ण इतिहास को झुठलाना चाहेंगे और न ही आगे बढ़ते हुए अपनी सुन्दर सभ्यता नष्ट करना पसन्द करेंगे।

'इधर मौत, उधर खाई' के इस द्वन्द्व को मिटाने का एक ही उपाय है एक नये रास्ते का निर्माण, एक नई दिशा में प्रस्थान। इसी नई दिशा की खोज का प्रयास है पर्यावरण विज्ञान। लेकिन हम किसी भी दिशा में तो चल नहीं सकते। प्रकृति का सन्तुलन अत्यंत नाजुक है। इस नाजुक सन्तुलन को बनाए रखते हुए ही हम अपनी नई दिशा तलाश सकते हैं। कहीं भी अगर हम चूके तो पहाड़ी से फिसलते हुए व्यक्ति की तरह कहां जा गिरेंगे, कोई ठिकाना नहीं।

भारतीय तथा विश्व पर्यावरण

पर्यावरण नीति से हमारा सम्बन्ध इतिहास की धारा से जुड़ा है। इसी उद्देश्य के लिए संयुक्त राष्ट्र संघ की घोषणा में कहा गया है कि इतिहास उस स्थान पर पहुंच चुका है जब हमें अपने कार्यों को निश्चित रूप देना है और पर्यावरण के परिणामों की सजग देखरेख करनी है। पर्यावरण युग का प्रारम्भ आज से लगभग 15-20 साल पहले हुआ था और विश्व पर्यावरण का अध्ययन आम व्यक्ति से जुड़ गया। भारतीय विज्ञान कांग्रेस का 73 वां अधिवेशन नई दिल्ली में सन् 1986 में हुआ था जोकि पर्यावरण व्यवस्थापन को समर्पित किया गया।

भारतीय पर्यावरण विश्व-पर्यावरण का ही एक भाग है, उससे पृथक नहीं। किसी भी देश की पर्यावरण नीति अंतर्राष्ट्रीय नीतियों और विश्व की परिस्थितियों से संबद्ध होती है। भारतीय नीति की स्थापना भी विश्व-पर्यावरण की आवश्यकताओं और उद्देश्यों को ध्यान में रख कर करनी होगी। पर्यावरण नीति भौगोलिक क्षेत्रों की विभिन्नताओं के अनुकूल भी हो तथा

स्थानीय परिस्थितियों के अनुसार उनसे तारतम्य और संतुलन बनाने वाली हो। विभिन्न प्राकृतिक क्षेत्रों में प्रकृति के नियमों की सम्बद्धता खोजना आवश्यक है।

मनुष्य के विकास और प्रकृति के नियमों की सम्बद्धता खोजना आवश्यक है। मनुष्य के विकास और प्रकृति से सम्बन्धित कई सामान्य समस्याओं का मानवता को सामना करना पड़ रहा है। तीव्र गति से परिवर्तित हो रहे विश्व-पर्यावरण और विज्ञान के तीव्र विकास ने भी हमारे ग्रह पर जीवन को खतरे से घेर लिया हैं।

पर्यावरण विज्ञान ने वास्तविकता तथा प्रकृति के नियमों की खोज को प्रवृत्त किया है। "शुद्ध विचार वास्तविकता को ग्रहण कर लेते हैं, जैसाकि प्राचीन काल में सोचा गया था।" ऐसा प्रसिद्ध वैज्ञानिक आईस्टाइन का मानना है।

बैंगलौर में 1987 में सम्पन्न हुए। 74 वें कांग्रेस अधिवेशन में पर्यावरण के सूचना-केद्रों के विषय पर विचार-विमर्श किया गया। पारिस्थितिकी की पद्धति में परिस्थिति के पुनःस्थापन हेतु कार्य किए गए और वातावरणीय रसायन की परियोजनाएं भी बनाई गई हैं। विज्ञान का अध्ययन ग्रहों की दशाओं के साथ-साथ किया जाता है।

विश्व पर्यावरण के रख-रखाव हेतु कानून

विश्व-पर्यावरण के विकास तथा रख-रखाव हेतु कई नए कानून और नीतियां बनाई गई है। जल नीति, वायु नीति, वन नीति, बाहरी अंतरिक्ष सम्बन्धी नीतियां, भूमि के उपयोग से सम्बन्धित कानून, जनसंख्या-नियंत्रण अधिनियम आदि। इन क्षेत्रो में पारिस्थितिकीय स्वच्छता तथा संतुलन बनाए रखने पर बल दिया गया है। जनसंख्या की रोकथाम में पर्यावरण आयोजन के विषय में संयुक्त राष्ट्र संघ के पर्यावरण कार्यक्रम में भारत के लिए प्रस्ताव को भी शामिल किया गया है।

विश्व में कई नए अंतर्राष्ट्रीय आंदोलन हुए हैं, जिनमें ऊर्जा के उपयोग, जनसंख्या नियंत्रण, वंशानुगत विभिन्नताओं का संरक्षण, पर्यावरण-संवर्धन, बाह्य अंतरिक्ष पर खोज आदि विषय शामिल हैं। आज विश्व-समाज प्राकृतिक-पर्यावरण को संतुलित रखने के लिए प्रयत्नशील प्रतीत होता है।

भारत में वंशानुगत विभिन्नता और वन्य जीवन के संरक्षण के लिए एक नई वन-नीति को लागू किया गया है। जिसका प्रथम उद्देश्य पर्यावरण का संरक्षण करना है और दूसरा वनों से अत्यधिक प्राप्ति। इस नीति के अन्तर्गत वनों की व्यवस्था के लिए जन-जातियों को इस ओर अधिक प्रोत्साहित करना है। जल की व्यवस्था भी मानव के जीवन का प्रमुख केन्द्र है।

जल-संसाधनों पर आयोजित दूसरी विश्व-कांग्रेस सम्मेलन में भारत की भूतपूर्व प्रधानमंत्री श्रीमती इंदिरा गांधी ने कहा था कि जल संसाधनों की महत्ता सिर्फ इनकी स्वयं की सुरक्षा के लिए नहीं है, वरन् उनके लिए भी, जिन्होंने इन पेड़-पौधों को लगाया है। मैं उन सभी लोगों के लिए कामना करती हूं, जो बेहतर जल-व्यवस्था के लिए कार्य कर रहे हैं। बाह्य अंतरिक्ष अनुसंधान ने मानव को एक नया विचार और अत्यधिक ज्ञान भी दिया है। पृथ्वी से भेजे जाने वाले उपग्रहों का उपयोग स्वास्थ्य, चिकित्सा, भोजन, कृषि, भूमि के उपयोग तथा जंगल में लगने वाली आग को नियंत्रित करने हेतु होता है। दूरसंचार उपग्रहों से देश-विदेश के दूर-दूर के स्थानों-शहरों आदि में शिक्षा संचार तथा अन्य उपयोगी कार्यक्रमों का प्रसारण किया जाता है।

विश्व के जलवायु / मौसम का अवलोकन भी उपग्रहों द्वारा किया जाता है, जो विभिन्न भौगोलिक क्षेत्रों के पुनर्निर्माण के लिए तथा कृषि-नियोजन के लिए एक नई सहायक सामग्री है। आधुनिक तकनीकी से वैज्ञानिकों ने पृथ्वी के संसाधनों की व्यवस्था के लिए एक व्यवस्थापन आंदोलन शुरू

किया है। नई तकनीकों के कारण विश्व भर के पर्यावरण वैज्ञानिक अधिक व्यावहारिक हो गए हैं और आपसी सहयोग के लिए निकट आ रहे हैं। नदियों के पानी को एक नई नियोजन-प्रक्रिया द्वारा नियंत्रित करने का काम शुरू हो चुका है।

इससे पर्यावरण नियोजन के क्षेत्र में एक नई आशा व्यक्त की जा रही है, जिसके अंतर्गत रेगिस्तान हरे-भरे मैदानों में बदल जाएंगें। राजस्थान को हरा-भरा बनाने के लिए नई विधियों से वृक्षारोपण किए जाएंगे। इस तरह हमारे कृषि वैज्ञानिक हरित राजस्थान के सपने साकार करने में लगे हुए हैं। हालांकि भूगर्भ विशेषज्ञों का मत है कि सूखे वाले क्षेत्रों को परिवर्तित रूप में प्रयोग करने से प्राकृतिक-संतुलन में कोई रुकावट पैदा नहीं होगी।

वैज्ञानिकों और अभियंताओं का मानना है कि शहरी भूमि के परिवर्तित उपयोग से जलवायु की स्थिति में बदलाव आ सकता है। भारत सरकार का प्रस्ताव है कि "राष्ट्रीय भूमि उपयोग" और "बंजर भूमि विकास परिषद्" नामक दो संस्थाओं का गठन किया जाए। इन संस्थाओं के अध्यक्ष प्रधानमंत्री स्वयं होंगे और केंद्रीय मंत्रिगण तथा राज्यों के मुख्यमंत्री इसके सदस्य होंगे। इस प्रकार इस नए पर्यावरण-युग में मानव को प्रकृति के साथ एकता और लयबद्धता स्थापित करनी होगी।

विश्व के समस्त समाजों का लक्ष्य पारिस्थितिकी-परियोजना होनी चाहिए। विज्ञान तथा प्रकृति के रहस्यों को प्रकट करने हेतु नए प्रयास किए जा रहे हैं और उनको प्रकृति से सहयोग द्वारा मानव के विकास से जोड़ा जा रहा है।

हमारी भावी सभ्यताओं का निर्धारण भी मानव की विश्व-पर्यावरण को समझने की उत्सुकता से ही हो सकेगा। संयुक्त राष्ट्रसंघ ने तीस राष्ट्रों के प्रस्ताव पर एक अधिसूचना जारी की है, जिसमें लिखा है कि मानवता ऊर्जा की व्यवस्था पर निर्भर करती है और सभी सभ्यताओं की जड़ें प्रकृति में ही हैं। इसलिए प्रकृति को गिरावट से बचाना आवश्यक है और सरकारों

को प्रकृति के संवर्धन में अवश्य ही सहयोग करना चाहिए, ऐसा प्रकृति पर संयुक्त राष्ट्र के प्रस्तावों में दिया गया है। आधुनिक समय में पर्यावरण के आर्थिक शोषण ने प्राकृतिक नियमों में एक संघर्ष को जन्म दिया है।

प्रकृति से छेड़छाड़ के कारण पर्यावरण अस्थिरता

प्राकृतिक व्यवस्था में हस्तक्षेप से पर्यावरण में अस्थिरता व गिरावट पैदा हुई है। अनुशासन का अभाव, पर्यावरण में गिरावट आने का प्रमुख कारण है। शोषण ने पर्यावरण के प्रति आधुनिक मानव के व्यवहारों और कार्यों को उद्घाटित किया है। प्राचीन काल में पर्यावरण से मानव का अभिप्राय कुछ ग्रहण करना नहीं, वरन् पूर्णरूपेण उसे जानना था। पश्चिमी देशों में पर्यावरण में गिरावट का प्रमुख कारण अत्यधिक विकास पर बल देना है।

भारत तथा अन्य अर्ध-विकसित देशो में गरीबी और समुचित देखभाल न होने के कारण पर्यावरण की समस्या है। वैसे देखा जाए तो पर्यावरण पर सबसे अधिक दुष्प्रभाव जनसंख्या के कारण पड़ा है। जनसंख्या वृद्धि से पर्यावरण के लिए अनेक समस्याएं जन्मी हैं। जिनके फलस्वरूप अनियोजित कस्बों और शहरों का विकास हुआ और प्राकृतिक पर्यावरण के सभी पहलुओं पर विपरीत प्रभाव पड़ा है।

इसे अपने राष्ट्रीय जीवन के सभी पहलुओं पर पारिस्थितिकीय विचार-विमर्श पर अधिक सोचने की आवश्यकता है। भारत की पर्यावरण-समस्या इतिहास का एक भाग है और इसका मानव और समाज के विकास से सीधा सम्बन्ध है।

भारत की पर्यावरण नीति, पर्यावरण मे एक समेकित परिवर्तन को ध्यान में रखते हुए मानव के चहुंमुखी मनो सामाजिक विकास पर जोर देती है। पर्यावरण के पतन को रोकने के लिए वैज्ञानिकों की आवश्यकता है। कई बार प्राकृतिक-संतुलन में बिना व्यवधान के पर्यावरण को सुधारा जा

सकना सम्भव हो सकता है। इसके लिए मानवों द्वारा बनाए गए कानूनों से उनके संघर्षों को रोका जा सके। विश्व-पर्यावरण की सुरक्षा हेतु एक विश्वव्यापी पर्यावरण की चेतना से जन्म लिया।

इस सम्बन्ध में 1972 में सयुंक्त राष्ट्र की घोषणा के समय लगभग 133 राष्ट्र उपस्थित थे। विश्व-पर्यावरण के पतन के प्रति सभी राष्ट्र चिंतित हैं। इसी चिंता के कारण विश्व अंतर्राष्ट्रीय सहयोग और पर्यावरण की समस्याओं को निपटाने हेतु प्रयत्नशील हैं।

10

पर्यावरण तथा जल-प्रदूषण

जल ही जीवन है। इससे हम सभी अवश्य ही भिक्ष होंगे। जल जीवन की मौलिक आवश्यकता है। सृष्टि के आरम्भ से ही जल है। सुश्रुत द्वारा ईसा से दो शताब्दी पूर्व ही जलीय चक्र का वर्णन किया गया है। अर्थात् सूर्य की किरणों द्वारा सागर जल वाष्पित होता है, इसी वाष्पित जल से मेघों की रचना होती है तथा वर्षा के रूप में वही जल पुनः पृथ्वी पर आता है।

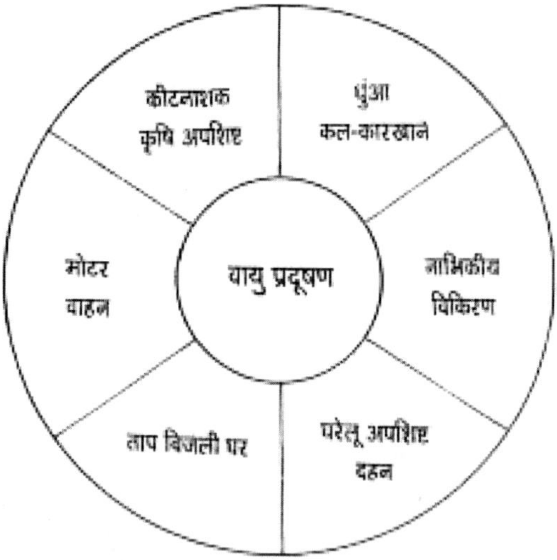

जल को शताब्दियों तक सृष्टि के निर्माणकारी तत्त्वों में से एक माना जाता रहा था लेकिन 1783 में प्रीस्टले ने जल के वैज्ञानिक स्वरूप का पता

लगाया तथा उसी वर्ष लाबीर्जिये ने सिद्ध किया कि जल हाइड्रोजन और ऑक्सीजन का एक यौगिक है, तत्त्व नहीं।

जल पृथ्वी पर प्रचुर मात्रा में है। धरती पर तीन चौथाई भाग जल ही है। इसी तरह हमारे शरीर में 50-60 भाग जल है। साथ ही वनस्पतियों का सारा जीवन जल के माध्यम से ही संचालित होता है। इसी तरह अन्य प्राणी जगत जल के सहारे ही जीवित है। धरती पर ताजे जल की मात्रा 2.7 प्रतिशत ही है शेष जल खारा है। उपयोग में आने वाले जल की मात्रा केवल 1 प्रतिशत ही है। सरिताओं में बहता जल सम्पूर्ण का सिर्फ 0.0001 प्रतिशत तथा सतह के नीचे बहने वाला भूमिगत जल 0.62 प्रतिशत है। अनुमान है कि विश्व के सरिता, सरोवरों में 1 लाख 20 हजार घन किलोमीटर मीठा पानी है। इससे भी ज्यादा मात्रा धरती की सतह के नीचे उपलब्ध है, इस भूमिगत जल की मात्रा 80 लाख घन किलोमीटर है। हमारे देश के जल स्रोतों के बारे में एक ठोस अनुमान उपलब्ध नहीं है। वर्ष भर में वर्षा से लगभग 40 करोड़ हेक्टेयर मीटर जल प्राप्त होता है। इसका 54 प्रतिशत भाग मिट्टी मे रिस जाता है, 28 प्रतिशत सतह पर बह जाता है तथा शेष वाष्पित हो जाता है। इसके अतिरिक्त 300 मीटर की गहराई तक भूमिगत जल की मात्रा लगभग 370 करोड़ हेक्टेयर मीटर है। हम सतही जल का 10 प्रतिशत तथा भूमिगत जल का लगभग 24 प्रतिशत ही उपयोग मे लाते हैं। स्पष्ट है कि हम अपने हल का समुचित उपयोग नहीं कर पाए हैं तथा पेयजल आज भी हमारी समस्या बना है, विशेषकर ग्रामीण क्षेत्रों में।

विश्व के अविकसित तथा विकासशील देश पेयजल की समस्या से ग्रस्त हैं। इस समस्या से ग्रस्त हैं। इस समस्या की गंभीरता को देखते हुए संयुक्त राष्ट्र संघ ने 1981-90 को अंतर्राष्ट्रीय जल आपूर्ति एवं स्वच्छता दशक घोषित किया। हमारा देश भी इस दिशा में विशेष प्रयासरत है। अभी भी हमारे देश मे सहस्रों समस्या-ग्रस्त हैं जहां पेयजल उपलब्ध नहीं है। जल के समुचित उपयोग तथा उपलब्धता की बात तो दूर है जो जल हम स्वयं

के उपयोग में ला रहे हैं वह अधिकांशतः प्रदूषित हैं। आज सरिता, सरोवर ही नहीं, सागर और भूमिगत जल भी प्रदूषण से प्रभावित हैं।

जल-प्रदूषण के कारण

वैज्ञानिक दृष्टि से शुद्ध जल दो भाग हाइड्रोजन और एक भाग ऑक्सीजन है। यह जल बेस्वाद होता हैं, जैसे आसुत जल (डिस्टिल्ड वाटर)। सामान्य भाषा में शुद्ध जल का अर्थ है पेयजल जो गंधहीन, स्वादयुक्त तथा पारदर्शक होता है। इसके अन्य गुण हैं ताजापन, चमक और शीतलता। जबकि ठीक इसके विपरीत अशुद्ध जल अपारदर्शी होता है। इसमें बालू मिट्टी, कीचड़, सड़ीगली पत्तियां, फफूंदी तथा अन्य पदार्थ विद्यमान होते हैं। पिछले कुछ दशकों से जल में डाले जाने वाले कूडे-कचरे, शहरी मल-मूत्र युक्त गंदा जल या वाहित मल तथा विभिन्न उद्योगों से निकले अपशिष्टों की मात्रा में भी काफी वृद्धि हुई हैं।

रासायनिक उर्वरक तथा कीटनाशक

सिंचाई की सरल सुविधा को ध्यान में रखते हुए कृषि क्षेत्र नदियों के किनारे दूर-दूर तक फैले हैं। पिछले दशकों में कृषि उत्पादन को बढ़ाने हेतु रासायनिक उर्वरकों का प्रयोग बढ़ा है तथा पौधों को नुकसान करने वाले कीटों के विनाश के लिए भी विभिन्न प्रकार के कीटनाशकों को प्रयोग में लाया जाता है। ये सभी रसायन खेतों से रिस-रिसकर या मिट्टी में घुलकर अंत में जल में मिल जाते हैं तथा जल को प्रदूषित करते हैं।

जल-प्रदूषण : प्रमुख कारक

घाटों पर नहाना-धोना, प्रक्षालकों का प्रयोग, म्युनिसपल सीवेज (वाहित मल) तथा उद्योगों के अवशिष्टों का बिना उपचार किए जल में प्रवाह, जली-अधजली लाशों को जल में बहाना, रासायनिक उर्वरकों तथा कीटनाशियों का मिट्टी से रिस-रिसकर जलधारा तक पहुंचना तथा आस-पास के खनन क्षेत्रों के अवशिष्टों का जल मे मिलाना।

स्नान तथा जानवरों की धुलाई

हमारे देश में नदी तथा तालाबों में स्नान करने की प्रथा अत्यंत पुरानी है। अब तो सागर तट पर नहाने का भी प्रचलन हो गया है। नहाने के लिए साबुन तेल का प्रयोग किया जाता है जो रासायनिक सम्मिश्रण होते हैं। ये जल में मिलने पर उसकी गुणवत्ता को प्रभावित करते हैं। जितनी ज्यादा मात्रा में ये जल में डाले जाएंगे जल उतना ही प्रदूषित होता जाएगा। बहते हुए जल की तुलना में खारा जल या रुका हुआ जल अपेक्षाकृत ज्यादा प्रदूषित होता है।

परंपरागत रूप से हमारे देश में प्रमुख पर्वों पर सामूहिक स्नान करने की प्रथा है। इसमे स्नानार्थियों की संख्या सैकड़ों या सहस्रों तक ही सीमित नहीं है वरन कुंभ तथा अर्धकुंभ के अवसरों पर यह संख्या लाखों में, कभी-कभी करोड़ों तक चली जाती है। 1989 मे कुंभ के अवसरों पर प्रयोग में 1.5 करोड़ से अधिक लोगों ने स्नान किया। जबकि 2012 में करीब 4 करोड़ लोगों ने कुंभ में स्नान किया।

यहाँ स्नान से जल-प्रदूषण होने की वजह यह है कि स्नान की प्रक्रिया में लोग अपने शरीर को रगड़ता है जिससे उसकी त्वचा के ऊपरी भाग में स्थित अति सूक्ष्म जीवाणु, वायरस आदि पानी में चले जाते हैं। मनुष्य के थूक और कुल्ले द्वारा भी बहुत से जीवाणु जल में जाते हैं। इसे अतिरिक्त पूजा की सामग्री धूप, दीप, नैवेद्य, घी, फल, फूल, हवन की राख आदि भी जल में बहाए जाते हैं जल में विलेय ऑक्सीजन की मात्रा कम हो जाती है।

प्रक्षालकों का आजकल कपड़ा, बर्तन आदि वस्तुओं को धोने के लिए प्रयोग होता है। प्रक्षालकों का मुख्य घटक है क्षार जो त्वचा के लिए अत्यंत हानिकारक है। प्रक्षालकों में क्षार के अलावा सोडियम ट्रापालीफॉस्फेट का भी प्रयोग किया जाता है। यह जलजीवों के लिए अत्यंत हानिकारक है। इससे शैवाल का विकास होता है जो जल की ऑक्सीजन कम करते है।

परिणामस्वरूप मछली आदि जलजीव मर जाते हैं पिछले दशकों मे प्रक्षालकों का प्रयोग बढ़ा है। जिससे जल की गुणवत्ता बहुत प्रभावित हुई है।

ऊपर वर्णित जल प्रदूषक सीवेज, औद्योगिकी निस्राव आदि में कार्बनिक तथा अकार्बनिक दोनों ही तरह के पदार्थ होते हैं। जल में कार्बनिक पदार्थों की विद्यमानता सूक्ष्म जीवों के लिए घातक हे, क्योंकि इन पदार्थों से जल की ऑक्सीजन मे कमी हो जाती है। जो जलवासियों के लिए अत्यंत हानिकारक है।

अकार्बनिक पदार्थ के तहत घुलनशील तथा अघुलनशील दोनों ही तरह के पदार्थ आते हैं। घुलनशील लवणों में हैं सोडियम, पोटेशियम, कैल्शियम, मैग्नीशियम आदि के क्लोराइड, सल्फेट, नाइट्रेट बाइकार्बोनेट। इनमें कैल्शियम तथा मैग्नीशियम लवणों की थोड़ी-सी मात्रा भी जल को कठोर बनां देती है। इस जल में साबुन का झाग कम व देर से उठता है और यह जल उद्योगों के उपयुक्त नहीं होता। इसी प्रकार क्लोराइड की विद्यमानता जल की लवणीय बनाती है। स्वच्छ जल में यह मात्रा 100 पी.पी.एम. तक, खारे जल मे 100 से 1,000 पी.पी.एम. तथा लवणीय जल में 1,000 पी.पी.एम. से अधिक होती है।

जल-प्रदूषण से शरीर पर प्रभाव

हमारे जीवन में जल का अत्यंत महत्त्व है। हमारे शरीर का 60 प्रतिशत भाग जल ही तो है। यदि शरीर में जल की कमी हो जाती है तो प्राणों के लाले पड़ जाते हैं। प्रतिवर्ष निर्जलीकरण से लाखों मर जाते हैं इसका मुख्य कारण है प्रदूषित जल, जिसको पीने से दस्त होते हैं और इस प्रकार शरीर का जल बाहर निकल जाता है। विश्व स्वास्थ्य संगठन की रिपोर्ट के अनुसार विकासशील देशों में प्रतिवर्ष पांच वर्ष से कम आयु के लगभग 1 अरब बच्चे डायरियां से पीड़ित होते हैं जिसमें 50 लाख काल के गाल मे समा जाते है। इसमें से एक तिहाई मौतें केवल भारत में होती हैं।

हमारे देश की 80 प्रतिशत स्वास्थ्य समस्याएं जल से होने वाले रोगों से संबंधित हैं। जल-प्रदूषण के कारण होने वाले रोग हैं   टाइफाइड, हैजा, पीलिया, अतिसार, पोलियो, आंव अमीबिका डीसैट्री, हुकवर्म आदि। जल में बहुत-सी धातुएं भी होती है। निर्धारित मात्रा में इनकी विद्यमानता हानिकारक नहीं होती वरन् उनकी उपस्थिति आवश्यक होती है तथापि इष्टतम सीमा से अधिक होने पर विभिन्न प्रकार की बीमारियां हो हो जाती हैं।

सीवेज तथा औद्योगिक अपशिष्ट के कारण जल-प्रदूषण

एक आकलन में यह बात सामने आई है कि हमारी नदियों में लगभग दो तिहाई प्रदूषण सीवेज के कारण हैं इसमे मनुष्य तथा जानवरों की विष्टा, घरेलू कूड़ा-कचरा, स्कूल कॉलेजों की प्रयोगशालाओं तथा अस्पतालों के कार्बनिक, अकार्बनिक अपशिष्ट होते हैं।

प्रायः सभी नगर जो नदी या किसी अन्य जलस्रोतों के किनारे या निकट स्थित हैं, सीवेज को नदी-नाले में छोड़ते हैं। आबादी के बढ़ने के साथ-साथ इनकी मात्रा में काफी वृद्धि हुई है। बड़े-बड़े कल-कारखानों की स्थापना भी जल-स्रोतों के निकट की जाती है तथा उद्योगों से निकलने वाले जहरीले पदार्थ जल मे छोड़ दिए जाते हैं। इनमें विद्यमान हानिकारक पदार्थों, विषाक्त धातुओं आदि को जल मे डालने से पहले अधिकतर देशों मे कोई उपचार नहीं किया जाता। फलस्वरूप विश्व की अधिकतर नदिया और सरोवर प्रदूषित हैं। केवल गंगा घाटी में ही प्रतिवर्ष लगभग 28.5 अरब घन मीटर गंदा जल आता है। इसका अधिकांश 26.8 अरब घन मीटर सिंचित क्षेत्रों से तथा शेष नगरीय क्षेत्रों से प्राप्त होता है।

सिंचित क्षेत्रों की अपेक्षा नगरीय क्षेत्रों से प्राप्त गंदे जल की मात्रा बहुत कम है, तथापि नगरीय अपशिष्ट प्रदूषण की दृष्टि से अधिक हानिकारक

हैं। इन अपशिष्टों में प्रदूषकों का संकेन्द्रण अधिक होता है और यह जल में निश्चित स्थानों पर मिलते हैं। वर्तमान में भारत में उपलब्ध कुल जल का 70 प्रतिशत प्रदूषित है। यह एक वास्तविकता है कि 75 प्रतिशत रोग प्रदूषित जल के प्रयोग के कारण फैलती हैं। जल-प्रदूषण से मानवीय स्वास्थ्य, आर्थिक विकास तथा खुशहाली पर क्षति पहुंचती है।

नदियों के किनारे शवों का दाह संस्कार

हमारे देश में हिंदु धर्म के अंतर्गत शव को जलाने की प्रथा है। शव को नदी या सरोवरों के किनारे जलाने के बाद शरीर के राख को जल में बहा दिया जाता है। इतना ही नहीं, बहुत से जले-अधजले शव, लावारिस लाशें तथा जानवरों के शव भी नदियों मे बहा दिए जाते हैं। यह सभी जल को प्रदूषित करते हैं। हिन्दुओं में अंत समय काशीवास तथा काशी में ही मरना पुण्यशाली समझा जाता है। यहां के दो प्रमुख शमशान घाटों मणिकर्णिक और हरिश्चंद्र घाट पर कभी-कभी दाह-संस्कार के लिए लाइन लगी रहती है। कहा जाता है कि काशी मे मणिकर्णिका घाट पर निरंतर कोई-न-कोई शव जलता रहता है, वहां की राख कभी ठंडी नहीं होने पाती। अभिलेखों से ज्ञात है कि वाराणसी में प्रतिदिन लगभग एक सौ शव जलाए जाते हैं।

जल-प्रदूषण रोकने तथा दूर करने संबंधी उपाय

जल में अपनी स्वशुद्धिकरण क्षमता है। जल को प्राप्त सौर ऊर्जा तथा उसमें विलेय ऑक्सीजन की मात्रा एक सीमा तक प्रदूषण को दूर करती है।

(क) जल को शुद्ध करने के अनेक उपाय हैं

उबालकर उसकी कठोरता दूर की जा सकती है। जल को स्वच्छ करने के लिए फिटकरी अथवा ब्लीचिंग पाउडर का उपयोग वर्षों से हो रहा है। वैज्ञानिकों ने क्लोरीन के स्थान पर क्लोरीन-ब्रोमीन मिक्शचर का उपयोग अधिक उपयोगी पाया है। एक अन्य विधि द्वारा जल को क्रमशः चारकोल

और बालू से छानकर शुद्ध किया जाता है। सम्पन्न वर्ग के लोग हैलोजन की टिकिया डालकर जल शुद्ध करते हैं तथा उनके घरों में 'फिल्टर' भी लगे होते हैं।

(ख) सीवेन तथा कुड़े-कचरे का निर्माणीकरण

सीवेज तथा अन्य कूड़े कचरे के निर्मलीकरण करने की कई विधियां खोज ली गयी है, पर यह विधि खर्चीली है। विकिरण जैसे 'कोबाल्ट किरणों' द्वारा भी अपशिष्ट हानिरहित बनाए जाते हैं। यह विधि पश्चिमी देशों में प्रयोग में लाई जा रही है। हमारे देश में भी भाभा परमाणु अनुसंधान केन्द्र में इस पर कार्य हो रहा है। सीवेज प्रदूषण को जलीय पौधों की सहायता से भी कम किया जा सकता ह। जलकुंभी अजोला, वाटर लोबिलिया आदि पौधे बहुत से कार्बनिक और अर्काबनिक हानिकारक पदार्थों का अवशोषण कर लेते हैं। इसके अतिरिक्त सीवेज के पानी व जलीय पौधों की सहायता से बायोगैस भी प्राप्त की जा सकती है।

(ग) तेल पूद्रषण को रोकने संबंधी उपाय

तेल प्रदूषण का प्रमुख स्थल सागर क्षेत्र है। इसे रोकने के लिए वैज्ञानिकों ने कई विधियां सुझाई हैं जैसे किसी युक्ति में सागर पर बिखरे तेल की परत को चूस लेना। छोटे-छोटे क्षेत्रों में, खाड़ियों में यह विधि लाभकारी है, पर विशाल क्षेत्र में फैले तेल को दूर करने में उपयोगी नहीं है। दूसरी विधि में पाली यूरेथन फोम तेल की सतह पर डाला जाता है जो तेल को अवशोषित कर लेता है। तत्पश्चात उस फोम को निकालकर फेंक दिया जाता हैं।

कुछ वर्ष पूर्व एक ऐसा पदार्थ विकसित किया गया है जो अपने भार का 30 गुना अधिक तेल सोख लेता है। यदि तेल बड़े क्षेत्र में फैला है तक परिक्षेपक का विलयन तैयार कर प्रयोग किया जाता है। यह तेल की परत

के ऊपर डाला जाता है। उसे मथने पर तेल छोटी-छोटी बूंदों में छितरा जाता है। एक अन्य आधुनिकतम विधि में पेट्रोलियम-भक्षी सूक्ष्म जीवों का उपयोग किया जाता है।

(घ) जल संरक्षण कार्यक्रम

भारत सरकार जल संरक्षण कार्यक्रम अंतर्गत सभी बड़े नगरों में सीवेज उपचार संयत्रों की व्यवस्था कर रही है। ताकि उपचार के उपरांत ही उसे नदियों में डाला जाए अथवा पाइप लाइनों द्वारा ले जाकर दूर खेतों में पहुंचा दिया जाए। हमारे कुछ नगरों में विद्युत शवदाह गृहों की व्यवस्था भी है ताकि जली-अधजली लाशें नदियों में न बहाई जाएं।

बनारस तथा अन्य कुछ शहरों में यह चालू भी हो गए है। पर पुरानी मान्यताओं से बंधे लोगों को इन्हें ग्रहण करने में समय लगेगा। एक अन्य सबसे महत्त्वपूर्ण उपचार नदियों के उपवाह क्षेत्रों में वृक्षारोपण। इससे मिट्टी का कटाव नहीं होगा जिससे नदी का तलहटी में खाद नही जमा होगी, उसमे जल की अधिकता रहेगी, अतः प्रदूषण स्वतः ही कम होगा। जल-प्रदूषण के परिप्रेक्ष्य मे एक अन्य महत्त्वपूर्ण तथ्य का उल्लेख आवश्यक है, वह है तलछट का अध्ययन। बहुत से विषैले पदार्थों तथा विषाक्त तत्त्वों को तलछट अपने मे समा लेती है। तलछट के ये गुण उसके भौतिक, रासायनिक एवं खनिजीय संगठन पर निर्भर है। जल की रासायनिक प्रक्रिया के फलस्वरूप हाइड्रोजन आयन सांद्रता पर निर्भर विषाक्त धातुएं तलछट में बैठ जाती हैं। मृदा खनिजों में विषाक्त पदार्थों को सोखने की बड़ी क्षमता होती है।

इस प्रकार तलछट जल-प्रदूषण निवारण में महत्त्वपूर्ण योगदान करता है। इसके विपरीत कुछ जीवाणुओं की प्रक्रिया के फलस्वरूप तलछट के ये तत्त्व पुनः जल में मिल सकते हैं। अतः प्रदूषण निवारण की किसी भी योजना के सफल कार्यान्वयन के लिए तलछट का अध्ययन महत्त्वपूर्ण है।